零成本创业

彭楠·著

中国纺织出版社有限公司

内 容 提 要

书的上篇回现了作者5年时间白手起家赚到1000万元的真实经历。书中介绍了大量做生意不可不知的知识和细节，也记录了一个经商者的酸甜苦辣。阅读作者的创业经历时，你会亲身体验一个一穷二白的小伙子的奋斗史。

书的下篇，作者根据自己的创业经验总结出了创业方法论，教你在创业初期如何规避风险，实现零成本创业。这套方法颠覆了人们普遍理解的创业"风险高、难成功、像赌博"的认知。严格按照作者的"零成本创业"方法，你可以做到没有赔钱风险地成功创业，逐步实现个人的价值和财富梦想。

图书在版编目（CIP）数据

零成本创业／彭楠著．－－北京：中国纺织出版社有限公司，2022.1

ISBN 978-7-5180-8905-5

Ⅰ.①零… Ⅱ.①彭… Ⅲ.①企业管理 Ⅳ.①F272

中国版本图书馆CIP数据核字（2021）第188566号

责任编辑：向连英　责任校对：王蕙莹　责任印制：何 建

中国纺织出版社有限公司出版发行
地址：北京市朝阳区百子湾东里A407号楼　邮政编码：100124
销售电话：010—67004422　传真：010—87155801
http://www.c-textilep.com
中国纺织出版社天猫旗舰店
官方微博http://weibo.com/2119887771
三河市宏盛印务有限公司印刷　各地新华书店经销
2022年1月第1版第1次印刷
开本：710×1000　1/16　印张：15.5
字数：152千字　定价：58.00元

凡购本书，如有缺页、倒页、脱页，由本社图书营销中心调换

Preface
前言

动笔写这篇前言时，刚好是2021年6月25日，我的31岁生日。

现在，我的小日子过得不错，如果不结婚、不生娃，不买跑车和游艇，我可以算是衣食无忧的人了。

但我总是梦到10年前我还是穷学生的日子。

当年，宿舍没有空调，夏天的热尤其难熬。晚上11点断电，所以宿舍没办法用电蚊香，只能用最传统的盘香，睡前用打火机点上。大概是因为我们宿舍没人抽烟，点火技术不行，半夜时，盘香总是被烧断，蚊子就开始在耳边狂欢。

不知有多少个夜晚，我彻夜不眠，一边听蚊子"开会"，一边思考人生。

我是谁？我生存的意义是什么？我以后要做什么？这些问题，我一个都没想明白过。

我所有的思考，出发点和终点都是相同的：我为什么这么穷？我怎么才能变富？

我从小没什么金钱观，父母从来不给我零花钱，我

零成本创业
——从0到1000万的创业解决方案

自己也不好意思找他们要。中学毕业的那个假期，我的好朋友们都去网吧打魔兽3（当时最流行的网游），我不去，我说这个不好玩，其实是因为我没有钱去网吧。

读大学后，我尽量回避各种聚餐和聚会，因为我没有钱，我必须精打细算我的生活开销，要不然我想买笔记本电脑的钱永远都攒不够。

大概是因为那时候年龄还小，我对此并没有太多看法。

直到大一时，宿舍的一位同学穿了一双耐克鞋，真好看。我好奇地去问了购买价格，接近我一个月的生活费，这是我第一次发自心底地想要钱。

为了赚钱，我从大学开始就出去兼职、做小生意以及炒股。所有能赚钱的事情我都尝试过，所有听说"能暴富"的事儿我都主动去了解。

我反反复复摸索了很多年，尝试了各种各样的赚钱方法，直到23岁时才开始真的通过做生意赚到钱。从25岁时开始，我每年平均收入在100万元左右，直到现在。

2018年，我把自己过去这些年做生意的经历分享在了我的公众号——彭楠的创业故事中，之后又录成短视频，发在了抖音上。没想到反响意外的好，我现在全网大概有200万粉丝，"创业故事系列"的总阅读量超过了300万人次。

本书的上篇记录了我过去8年的创业经历，时间从大学开始，一直到2018年以前；我从一无所有，一直到年入百万元。

与绝大多数人理解的"创业"经历不同，我做的不是那些投资大、风险高的生意，而是非常接地气的生意，比如开外卖店、做舞蹈培训、经营格子铺等，是普通人都可以参与的"小生意"。

跟那些高大上、高风险的创业不同，我没有拿过融资（试图融资，失败了），没有做过巨额投资（有几次小额的，都失败了），也没有过负债。甚至，我的生意基本都是我兼职做的，早期是一边读研究生一边做生意，后期是一边上班一边做生意，直到2018年我才辞去本职工作，正式成为一名"自由职业者"。

甚至，在我做生意的绝大多数时间中，我是没有员工、没有公司的。

我的生意，通常只有我一个人，最多加上1个合伙人。我们连小微企业都算不上，我管自己叫"个体创业者"。

但是通过这种"非主流"的创业方式，我得到了自己想要的生活。而且我意识到，其实我这样的创业方式，是有很大的普适性的！

传统上理解的创业是：先研发个产品，或者先投资开个店。这样的创业方式风险极高，失败概率极大，一旦失败，就会耗光你的大半存款，甚至有人是借钱创业的，这样压力就更大。

而我的创业方法是，先不投入，快速试错，等赚到钱，再深挖项目。

毫无疑问，我的创业方法更适合兜里没有余钱的普通人。

本书的下篇，主要是根据我2020年在网上发布的音频课程《如何快速赚到人生第一桶金》整理的，原版音频课程售价149元，卖出了超过30000份，全网好评率达96%。音频内容是我对自己过去几年创业经验的一个总结。

这3年，我接触了成千上万的创业者，了解他们的生意，解答他们的困惑。一定程度上，根据我自己的经验，我能看出一个人身上有没有创业成功所需要的基本素质，我能分辨出谁更容易创业成功。我的这些思考的原则和依据，都写在本书的下篇了。

本书的上篇是故事，下篇是道理。

先看故事，再读道理；读完道理，再回头去看故事。两者结合起来看，会让人看得更透彻，理解得更明白。这样下来，一定会提高你对创业的认知。

如果你正打算创业，一定要先读这本书，在这里你可以找到赚钱的方法。

如果你正在创业，建议你抽空读读这本书，一定能引起你的共鸣。

如果你已经创业失败，务必读读这本书，会让你重燃创业的希望。

我是彭楠，期待你的阅读。

彭楠
2021 年 6 月 25 日

Contents 目 录

上篇　逆风飞扬的奋斗者

1. 做生意要趁早　/2
2. 赚钱的欲望要强烈　/5
3. 分享是赚钱的捷径　/8
4. 赚钱的目标应该是1000万元　/11
5. 靠出卖时间赚钱，很难过上富足的生活　/14
6. 我要当老板——入局格子铺生意　/16
7. 梦想格子铺生意月入10万元　/19
8. 人有多飘，活得就有多惨　/21
9. 推动人类进步的是"愚蠢"　/23
10. 不要轻易相信任何人　/26
11. 重振精神，考察项目　/29
12. 考察外卖项目　/34
13. 开启躺赚模式　/36
14. 如何选择创业项目　/38
15. 店铺惨遭下架　/40

16	创业关键点：发现问题，解决问题	/ 43
17	困难的反面是机遇	/ 45
18	没有人在乎你的创业点子	/ 49
19	解决配送问题	/ 52
20	学业与创业，该如何选择	/ 54
21	你对流量的力量一无所知	/ 56
22	思维第一，执行力第二	/ 59
23	做餐饮最重要的事	/ 61
24	做生意，需要小创新	/ 64
25	赚钱使我快乐	/ 68
26	竞争对手是你最好的老师	/ 70
27	差评意味着你有巨大的进步空间	/ 73
28	私域流量是什么"垃圾"	/ 76
29	外卖生意，稳了	/ 78
30	雄心勃勃，筹备开分店	/ 80
31	外卖店完结篇	/ 83
32	谈谈几个我当年失败的生意	/ 85
33	外卖店铺代运营生意	/ 87

34	疯狂扩张，组建10人运营团队	/93
35	招聘是老板要具备的基础技能	/95
36	账号也是最重要的资产	/97
37	"帝国"还没建起来就崩盘了	/100
38	危机时合伙人的角色	/103
39	赚到100万元的代价	/106
40	成为酒吧老板	/109
41	酒吧生意正式开始	/112
42	天下有这么快就散伙的宴席吗	/117
43	残酷的真相	/120
44	低谷之后还有深渊	/126
45	笨生意和聪明生意	/131
46	活动策划生意的门道	/136
47	活动策划生意的本质	/140
48	销售的秘诀	/143
49	创业者如何高效利用时间	/150
50	活动出错带来的屈辱经历	/154
51	生意和生意之间是不公平的	/157

52	舞蹈培训生意的玩法	/160
53	如何做项目分析	/163
54	生意最难的，永远是人	/167
55	渡过外卖生意的危机	/170
56	相亲号生意	/173
57	创业是场无限游戏	/176

下篇　赚到1000万的零成本创业法

1	人生的第一个目标，是赚1000万元	/180
2	想赚1000万元，要选择正确的人生	/189
3	赚到1000万元的思维模式	/197
4	赚到你的第一个1万元	/206
5	赚到你的第一个10万元	/213
6	赚到你的第一个100万元	/219
7	赚到你的第一个1000万元	/226
8	资产千万元之后	/234

上篇
逆风飞扬的奋斗者

这部分介绍了我从一无所有,到赚取第一个1000万元的经历。

与你常见的"创业故事"和"成功传记"相比,我的故事至少有三点不同:

第一,我做的都是普通人能做的小生意,比如外卖和中介,而不是传统意义上那种高大上的创业项目。

第二,我如实地把我的经历和思考真实地展示了出来,相信我,这需要勇气。

第三,我尽可能详尽地描述做生意过程中的细节,努力让你能从我的经商过程中获得启发,并能够借用我的思路来解决自己创业的难题。

最后,要"警告"你一下:

阅读过我创业经历的人,经常反馈"晚上睡不好觉",主要是两种情况:一种是连夜看完,停不下来;另一种是看完后,兴奋得睡不着觉,甚至有人通宵写了"创业计划"发给我。

睡眠很重要,所以请你尽量在白天阅读。

▶1 做生意要趁早

我想从我第一次做生意开始聊起。

那年我16岁，读高二。淘宝网正在电视上疯狂打广告，我妈在淘宝网买了几件衣服，从此她就进入了网购的坑，一发而不可收拾。

我鬼使神差地想到，我可以开一个淘宝网店。于是我抽空在网上学习开网店的教程，等到放暑假，我就开始动手操作了。开店非常简单，认证一个身份证就可以了，关键是卖什么，这个需要先想好。当时我是个什么都不懂的二愣子，但听别人都说女人和小孩的钱最好赚，所以我就开了一个女装店。

那时北京有一个非常大的服装批发市场，在动物园对面，我们都管它叫"动批"，里面有几百家商户。我就去那进了几件衣服，然后挂到我的网店里面卖。当时我是一个16岁的男孩，既不懂做生意，也不懂女装，第一次去进货，别提多紧张了。我跑到一个店前面装模作样地挑了半天，然后拿着一件衣服说："这个给我10件，多少钱？"店主说一件25元，我说10元一件我就买，店主就不搭理我了；然后我又说15元行不行，20元行不行。估计大多数人第一次砍价都是像我这样吧，既没有什么逻辑，也很慌乱。对方要价20元我就给砍一半，像个傻子一样。更傻的是把衣服上架到网店上的时候，我才知道这几件衣服都是大码的，那是我人生中第一次知道衣服还分尺码。

没过几天，网上就开始有询价单出现了，当时我非常不信任快递公司，所以只卖同城的客户，自己去配送。

第一次卖货永远是印象最深刻的。我记得那个女孩买了一件粉色的短袖T恤，20元钱左右。她住在二环的一个胡同里，我坐公交车去给她送衣服，路上既紧张又期待，还幻想"这会不会是个美女呢"，结果是个胖姐姐。

后来我又断断续续地成交过几单，赚的钱不多。开学之后就没再做了，后来忙于高考，干脆就把这个事情搁置了。

在我上大二时，我又想起我的淘宝店，就找出我以前的淘宝老店重新开业，但是却再也接不到任何生意了。那时的淘宝网已经有了巨大的流量和非常多成熟的店铺，我这种没有销量的小C店（个人店铺），靠自然流量实现成交已经很难了。店开了一个月，没有一单生意，我就给关掉了。

虽然我第一次做生意失败了，但我还是要跟大家讲，**做生意一定要趁早，尤其是正在看我这本书的"00后"们。如果你以后有经商的计划，那现在、立刻就开始。**

巴菲特9岁开始送报纸，比尔·盖茨14岁就开始写程序。国内小孩由于高考的原因，中学没法做生意，但是像俞敏洪、刘强东这些构建了商业帝国的大咖，他们在大学的时候就开始赚钱了。

为什么做生意要趁早呢？有以下两个原因：

第一，就我的观察，一个人从第一次经商到真正赚到大钱，基本需要5年的时间。如果你今年25岁决定创业，那到你有所成就，恐怕要30岁以后了。商业能力是需要逐渐培养的，不能速成。

第二，开始得越早，你失败的成本就越小。一个大学生创业，手里又没钱，失败了顶多就是赔掉几千元钱，从一个人的整个人生跨度看，这点损失是可以忽略不计的。可是等你30岁再创业就不一样了，你就有点输不起了，赔钱是小事，更重要的是机会成本很大。我见过非常多的人，20多岁辛辛苦苦打工，攒了10几万元，30岁自主创业开个店，很快就把前10年的积蓄一把梭哈，什么都不剩，你还能从头再来吗？

我第一次做生意是16岁，但也只是小打小闹，19岁读大二时也做过一点小买卖，21岁开始专注考研，又把做生意搁置了。等我真正赚到钱的时候，已经是我人生中第三次尝试做生意，那年我已经23岁了。

所以如果你的人生志向是想通过创业赢得财富，那就不要犹豫，马上开始。

现在想白手起家去做淘宝网生意已经不可能了，但那个叫作某鱼的二手转让平台，仍然有大把的发财机会。

2 赚钱的欲望要强烈

聊聊我大学时的一些创业经历。

上大二时，我重新萌发了做生意的兴趣。我选择先去做兼职。当时在麦当劳打工的报酬是一小时12元；在星巴克是最高的，一小时18元。我英语不好，去面试星巴克的时候没有过。

我当时还去一个教育培训机构打销售电话，一天的报酬是100元钱，如果能邀来客户还有提成，但是每天的任务量很大，而且打电话销售经常会被接电话的人骂，我当时脸皮薄，干了几天就干不下去了。之后我帮学校附近的健身房、KTV都拉过客户，一开始是上街发传单，后来发现还是直接找同学去办卡效率比较高，既帮商家拉到了客户，也帮同学办到了可以享受优惠的卡。可是我也顶多是拉几个跟我关系好的同学过去，收入非常有限。

我印象中赚钱比较多的兼职是帮桌游吧引流客户。一开始我是在中午同学都去食堂吃饭的路口发2个小时的传单，这样可以得到50元报酬。不过我很快发现可以直接带着同学去店里玩，然后拿消费的返点，这样来钱更快。桌游吧是那时刚刚兴起的一种生意，当时《三国杀》很火，宿舍里的同学经常玩，不少同学都入了桌游的坑。靠着这个，我大概赚了上千元。除了兼职外，我自己也经营小生意。第一个生意是倒卖四六级听力耳机。每年学校里都会出现神秘人士向同学们兜售耳机，他们会在校内找到一些具备销货能力的经销商，通常是人脉较广的学生会人士。我有一个同学是校学生会文艺部的副主席，聊天时就提到有人问他们部门能不能帮忙卖耳机，我立刻把握住了这个商机，请他给我介绍一下这个人，我想卖耳机。那个卖耳机的大哥一开始不乐意给我供货，觉得我卖不出去，我说我愿意先付款他这才同意。我购入了差不多100个耳机，卖出去一半，剩下的货砸在手里了，后来陆陆续续都送给了学弟、学妹。这个生意总的来说，是不赔不赚吧。

我做的第二个生意是倒卖毕业学长的二手用品。每年毕业季前，学校都会有一个非正式的二手市场，就是要毕业的学长们把自己不要的东西摆在宿舍楼下便宜出售。我当时就去和他们谈：你们不要耽误时间在这里站着了，我把你们的东西都包圆了，你们便宜卖给我就行。结果我就用便宜的价格收购了大量的二手货，最多的是书、台灯、被褥、旧衣服等。一个学长的一套考研教材，我30元就拿下了，然后再转手卖60元，利润还是可以的。这个生意我赚了至少有2000元，而且总共就花了三四天的时间。当时我还被自己的创意所倾倒，一度觉得自己是创业天才。

但是归根结底，这些生意只是小打小闹，最后也没挣到什么大钱。上大三的时候，我的想法和大多数人一致，就是我没有本钱，没有办法创业。最后我决定还是考研吧，学好我的金融专业知识，以后去高薪的金融行业挣钱。

现在回忆我的学生时代，如果说高中开淘宝店只是一时突发奇想的话，上大二时选择做生意，就是因为我有强烈的改变自己的欲望。

为什么想改变呢？当然是因为自己太穷了。当你上大学后，立刻会感受到同学们家庭之间的差距，有人用最新款的手机，有人开车上下学。我呢？为了攒钱买个笔记本电脑，最穷的时候，我每天在书包侧边放水杯的位置放一罐老干妈，中午到食堂点 2 两米饭，拌着老干妈吃。

找女朋友的时候受到的刺激最大。我长得还可以，也算有内涵，吉他弹得也不错。但是我带女朋友出去吃顿必胜客都舍不得，我总跟女朋友去图书馆约会，嘴上说是因为要多学习，其实是因为大家谈恋爱经常去的那些地方都需要花钱。

钱不是这个世界上唯一重要的东西，有信仰、有目标，身体健康，和谐的人际关系都非常重要。但对于一个整天为钱发愁的普通人，钱能解决你生活中遇到的 99% 的问题。这时先去解决钱的问题，才是正确的人生路径。

如果你意识不到这一点，或意识到了但不愿意承认这一点，那贫穷必将困扰你的一生。

3　分享是赚钱的捷径

上大三、大四时我一直在忙于考研，每天早上 6：30 起床就去图书馆占座，一直到晚上 10 点才回宿舍休息。忙碌的考研生活使我暂时忘了做生意这件事。

经过一年多的努力，我收到了研究生的录取通知书，别提有多开心了。

在毕业季，我除了积极找实习工作外，还顺便做了一件事：我把自己的考研经历，复试、面试的经验和一些笔记整理分享到了一个考研论坛上。

当时的想法其实很单纯，就是"报恩"。当年我没钱报考研课，所有的考研经验、习题基本都是从这个论坛上看到的，所以我很感激这个地方。我想有一天我考上研究生了，一定要把自己的经验也分享出来。

结果意外的事情发生了，我的经验帖连续两个星期一直顶在首页，成了热门。

然后有一天，一个民办大学的老师联系我，问我有没有兴趣去他们学校兼职做金融学的讲师。

我一开始以为是骗子。你想啊，我刚本科毕业，就能去大学当老师了？而且他说课时费有 200 元，要知道当时我同学去做英语家教的价格是一小时 60 元。

后来我才知道，这种学校是非学历教育，交钱就能上，学生毕业后发的证书也不是正规的学历证。

这种学校本质上就是营利机构，他们的老师都不是教师编制，而且为了节省成本，他们经常雇用兼职讲师。他们这次同时雇用的兼职讲师包括我在内总共有3位，主要是为了顶替一个怀孕的女老师。

给我安排的课时是一个星期三节课，相当于每个月我能通过讲课赚2400元，是我一个月生活费的三倍。

另外两个兼职讲师不到一个月就不想去了，因为这所学校在偏远的郊区，太远了。我每次去讲课要转几次地铁和公交车，路上需要花一个半小时。但我不能放弃啊，我需要这个钱，就说那你们的课都由我来讲吧。

于是我一周的课时加到了8节，后来课时费也涨到了400元。

讲了几个月后，偶然有一天，我查询自己的账户，人生中第一次，我的存款突破了3万元。

这次经历让我意识到，分享是多么重要。我把自己枯燥的考研经验分享到一个在线人数不足500人的论坛上，没想到就换来了这么宝贵的一个兼职机会。

分享的习惯也间接促成了我的创业故事视频的传播。2018年年底，当我将我的创业经历《手把手教你赚1000万》系列写出来后，有大把的人主动上门求合作，甚至有哥们二话不说就给我转了10万元钱，连合同协议都不要求签。以前我做生意时，想找个合伙人难于登天。

这都是因为大家看过我的经历，知道我不会坑人。面对大家的信任，我自然更是不会辜负了。

所以我的建议是，不管你是打工的还是老板，一定要主动去分享你的知识。它会给你带来很多意想不到的收获。

那么当你也决定开始分享一些东西时，要记住四个字——价值输出。

比如，为什么我要分享创业经历呢？是因为我以前做生意时，每次遇到困难，我都找不到可以咨询的对象。我不可能去请教同行，其他外行人又不懂我做的事情。我翻遍了创业书籍，要不就是励志鸡汤，要不就是太宽泛，讲的都是什么战略、管理这些偏理论的东西。

小老板真正关心的是什么？我现在到底做什么项目能挣钱？我摊煎饼到底去哪买合格且便宜的油？员工工资应该哪天发合适？怎么跟对面那个铺子竞争？

我曾经苦苦寻找，但这些问题是找不到标准答案的。所以我知道，一定有很多人面临跟我同样的苦恼。

这就是我分享自己经历的目的。因为**你的所有问题，我都面对过；你的所有困境，我都经历过；你所有踩过的坑，我都踩过。**

那么你可以看看，我是怎么解决这些问题的。相信这对你一定有帮助。

4 赚钱的目标应该是1000万元

下面聊聊人生目标。

我每次认识新朋友的时候，都喜欢问对方一句话：你希望自己5年后成为一个什么样的人？过着怎样的生活？

我发现，很少有人能回答出这个问题。

我问过很多人，结果只有一个大四的学生说他希望5年后自己是一家公司的职员。这虽然算是一个比较实际的目标，但这个目标有点太平庸了，他不需要付出太多努力。这样的目标意义并不大。

我认为定的目标要大一点，但又不能太过夸张。就是一种听起来难以置信，但仔细想想又应该能实现的那种。

那对于渴望财富的人，赚钱应该有怎样的目标呢？

我认为，5年赚1000万元是一个合理的目标。

听着特别夸张，<u>请先选择相信，然后你才有可能做到。</u>

我这个目标不是拍脑门随便说的，而是有理论依据的。

比如，为什么不是赚100万元或者1个亿呢？100万元这个数太少了，在北京连一套房的首付都不够，是不够花的。而且，如果你掌握了我分享的这些方法，赚100万元大概也就是1年多的时间，目标太过平庸。

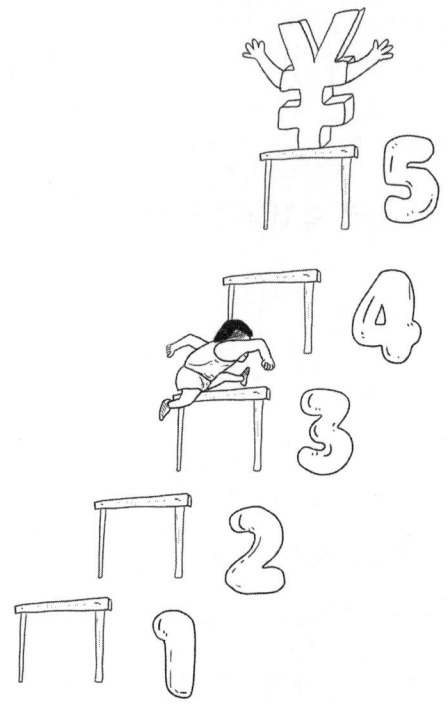

那1个亿呢？这个我也没赚到，我不敢乱说。这里分享两个我对于财富的认知：

第一，赚几百万元和几个亿需要掌握的不是同一种能力，做的也必然不是同一种生意。比如，我一年能赚100万元，我即便不吃不喝也要100年才能赚到1个亿，很明显不可能。从100万元到1个亿，并不是线性增长的。

我掌握的是百万级财富的获取方法，这个方法是没办法帮我赚到1个亿的。

第二，从某种程度上讲，大富也是讲究机遇的，赚1个亿有时还真的是可遇而不可求的。但是1000万元这个级别，是一个智商正常的普通人通过提高认知能力和勤奋坚持能达到的目标。

在我过去的奋斗经历中，我没有依靠任何父辈的资源，完全从零开始白手起家，而且我是兼职做生意，我的主业一直是在读书或者有正式工作。更有意思的是，我是一个极度内向的人，不太会跟人打交道，我没有雇用员工，我的生意都是我自己跟少数合伙人一起搞的，**我的主要赚钱方式就是 1 台计算机加 1 部手机。**

这种情况下，我都能赚到 1000 万元，那我认为任何一个普通人也都是可以做到的。

所以，我认为朋友们赚钱的目标首先就应该是 1000 万元。

估计很多朋友听着就炸了，全国人民平均月收入是 5000 元，你在这大谈特谈赚几百万元、几千万元，这不是忽悠人吗？

那么对于这样的朋友，我的回答是，我既然决定出来混，就没打算当一个平均数。**创业成功率是低于 3% 的，可以说每一个创业成功的人，都是属于少数群体。**在创业者面前谈平均数是没有意义的。

想做平庸的人，那就要忘记发财的事情，请回去打工吧。

那时，我每天睡觉前和起床后都会问自己：5 年后，你想成为一个什么样的人？

答案是：有钱人。

所以我每天苦干 16 个小时，没有一天停歇。

因为相信，所以看见。

5　靠出卖时间赚钱，很难过上富足的生活

大学时我读过一本书，叫作《穷爸爸富爸爸》，这本书改变了我的一生。

这本书介绍了一个快车道和慢车道的概念。当你靠自己的时间去赚钱时，你就在慢车道上，你的时间有限，单位时间价值一般也不会太高，所以你的收益是有限的。你的收入减去支出后，可能就剩不下什么钱了。而快车道上的人，则是靠钱生钱，俗话说"金钱永不眠"，通过资产去赚钱才是成为富人的正确路线。

那怎么上快车道呢？就是要<u>在没有资本的时候多赚钱、少消费、多储蓄，攒够钱了就去购置资产</u>。

为什么说这本书改变了我的人生呢？因为读过这本书后，我就意识到：我不可能给别人打一辈子工，我未来的人生不会一直是每天穿着西装坐在一个小隔间里对着计算机屏幕不知道在干什么。

但是在很长一段时间里，这本书对我的负面影响也是巨大的，那就是让我变得特别浮躁。

比如，为了赚钱，我大学期间开始炒股。你不是说要用钱生钱吗？我当时手里就几千元的本钱，但我总觉得我能通过股市赚到100万元。

有一阵我沉迷于炒短线，想法很简单，股市是随机波动的，我每天收盘

买入，第二天开盘就卖，赚1%，连续一年，就是好几倍的收益。我只要去总结一下股票高开的规律就行了，这是个赚钱的秘诀。

我当时每天都沉浸在暴富的幻觉中，我看过各种各样的股市战法的书，如《日本蜡烛图》《趋势交易》《缠中说缠》等；上淘股吧，看"赵老哥"；追内幕消息，看新闻炒股。凡是听说过的炒股方法，我几乎都研究过。

结果就是一直赔钱，偶尔赚，但总体是赔的。我一直赔了7年，直到我25岁参加工作后，知道了价值投资，才对炒股有顿悟之感。

上大一、大二时我还愿意去做做兼职，但是人变得特别浮躁后，我就觉得兼职来钱太慢。我开始做生意，前面讲过了，我大二时去卖耳机、卖二手货，没怎么赚钱。没钱就又很痛苦，然后又开始反思和读书。到了大三、大四决定考研，每天泡在图书馆，心就又沉下来了。

但是收到研究生的录取通知书后，很不幸，又开始浮躁了。我的整个大学，是我人生中非常痛苦的一段时期，我每天都被贫穷困扰着，在中间挣扎着。

你知道穷得睡不着觉是什么感受吗？就是每天都在想我为什么这么穷，我怎么才能赚到钱。

我上学时翻来覆去地看《穷爸爸富爸爸》，都快翻烂了。我也看过大量的其他财经书籍，就是想找到赚钱的方法。很不幸，找了好几年，都没有找到答案。更不幸的是，我做兼职讲师几个月后，兜里第一次有了3万元的存款，我又开始浮躁了。我换了新手机、新计算机、新衣服，然后去旅游。

最愚蠢的是，当时我本来可以继续在那所民办学校里讲课，赚超高的课时费。可是我当时认为，我是不可以靠出卖自己的时间赚钱的，想致富就必须做生意，所以我辞掉了这个讲师的工作。

这也成为我后面悲剧的开始。

6　我要当老板——入局格子铺生意

读研后,我一直在琢磨怎么去搞点钱,满脑子都在寻找商机。

很快我就注意到我们学校附近有一家新开业的格子铺。所谓格子铺,是当年很流行的一种商业模式,店主租下一个小店后,把店里的货架分散成大大小小的格子用来出租。那么你把格子租下来后,就可以在格子里摆放你的产品来销售,店主帮你收款。

这个生意中有三方利益者:店主、格子主和客户。店主支付租金和装修费用,并对外出租格子;格子主承担租格子的费用,在格子里放置自己的产品;客户进店消费。

店主要确保出租格子的收益大于自己的房租,而格子主要确保产品收益大于租格子的费用。

在当时的我看来,这是一个非常好的商业模式,因为我当时没有钱开店,那格子铺的商业模式就可以把我的开店成本降到最低。更好的是,我本来就要上学,没有时间看店,而格子铺有店主帮你看店、帮你销售,你只要把货送过去,其他什么都不用管。

我当时疯狂地迷恋"被动收入"这个概念,这就是躺赚:我只要定期上货,即便在睡觉,这个格子也在帮我赚钱,完美啊!当时全北京大大小小的商场、街边商铺，格子铺起码有上百个。我只要在每个格子铺里租下一个格子卖货，那月收入还不得好几十万元？

越想越美，我立刻开始了行动。

我是非常谨慎的。我先假装成客户，考察了几个周边的格子铺，人气还不错。上网搜了搜，基本都是看好这个生意的。实际上你现在去搜索，还有很多人在做这个生意。然后我重点盯上了我学校附近的这个格子铺，我觉得它的地理位置非常好。

从我们学校校门出去，过一条马路，再走 50 米，就有一条美食街，同学们平时吃食堂吃腻了，经常去这个美食街吃饭。这个格子铺的位置就在去美食街的必经之路上。而且，我们如果要走路去地铁站，也会经过这里。所以我们学校的学生基本都会从这个格子铺门口路过，更别提周围还有大量的居民了。

进到店里，店铺不大，感觉也就是 30 平方米左右，大概有 30 多个格子，一般是分为上、中、下三层，中间层是最方便的，也是最贵的。根据格子与店门口之间的距离远近，价格略有不同。一个月租金大概是 800 元到 1500 元。

这家店的店主是一个中年大叔，我为了考察这个店，每隔三两天就过来转转，也不买东西，就是到处看，估计店主肯定也知道我是想来租格子了。有一次他就找我搭话，说："小伙子想租一个格子吧？我们这开业 3 个月，格子已经没剩几个了，要租赶紧租。"

我就问他，您这生意怎么样？店主说很好的，比如某格子主 3 天就卖了 2000 元钱，产品成爆款了，这两天正忙着补货呢。

我是非常谨慎的，又反复去了几次，每次都跟店主攀谈。店主也给我分享了很多经商的经验，对我帮助很大。他甚至把他的店铺数据都告诉了我：一个月卖出多少钱、什么产品卖得好等。他说，这个生意还在持续增长，他以后考虑除了让格子主交租外，还要和格子主谈产品销售额的分成。

考察了几次之后，我终于决定——租！

我花了1200元，租了店入口左手边上侧的格子，正式成为了一名格子主。

那我的这次经商，成果如何呢？

7 梦想格子铺生意月入10万元

我用每月 1200 元的价格租下了一个格子。需要支付 3 个月租金和 1 个月押金，总共将近 5000 元。

格子租好了，接下来的问题是：卖什么。

我当时啥都不懂，于是只好继续传承我自高二开淘宝店以来的思路：女人和小孩的钱好赚。

我是这么分析的，逛这种小店的基本都是女孩子，女生肯定喜欢买些小玩意，如首饰、挂饰之类的。

于是我开始在淘宝上淘一些小的配饰、项链、戒指、发卡、手镯等。其实我也不懂这些，不知道女生喜欢什么，只是按照我自己的品位去找一些直男眼中女生喜欢的东西，比如颜色必须是粉色的，形状最好是心形的。当然最关键的，进货价格必须很便宜。

第一批货我花了差不多 1000 元，进了将近 100 件产品。我的计划是 1 个月内卖完，根据销售情况，适当调整售价，计划回款 3000～5000 元。这样刨去格子铺的月租金，我就有了 1000 元左右的利润。

根据我的规划，我要覆盖全北京所有高校周边和商业街的格子铺，每个店我都要租下一个格子，预计租下 100 个，每个格子每个月给我贡献 1000 元的利润，这样我每月的利润就是 10 万元，很快我就可以走向人生巅峰了。

经过一段时间的紧张筹备，我的格子铺正式对外开售，店主看在我是学生的分上，还特意送给我 7 天的免租期，让我可以慢慢选货。

开始经营的前几天，是最令人激动的。我每天无心上课，中午下课铃声一响，饭都不吃，拔腿就跑，直奔格子铺。晚上更是格子铺的客流高峰期，我也一定会兴冲冲地跑到格子铺里，满怀希望地盯着每一个进店的顾客。

可惜，我这样的兴奋劲只持续了 3 天。因为在这 3 天里，我一件产品也没有卖出去。

店主一开始会跟我分享一些他的经验，比如建议我把一些色彩鲜明、比较有个性的产品摆在格子的前方，吸引顾客的眼球；觉得某样产品的价格有点高了，建议我调低一些。

我不在店里的时候，他也会及时通知我说，有顾客看了很久我的某样产品，很遗憾最后没有买，算是给我鼓劲吧。

但随着我每次去店里都无功而返，店主也渐渐没有了一开始的热情。

一个星期后，仍然没有卖出一件商品。店主说：你思考一下，你的产品是不是出问题了？于是我把格子里的全部商品都换了一遍，但是仍然毫无起色。

我的心也慢慢凉了，去店里的次数越来越少。

一个月后，我去店里结算。我的 1000 元钱的产品卖出去了多少呢？

结果非常残酷：0 个！一样都没卖出去。

8 人有多飘，活得就有多惨

我的格子铺生意陷入了巨大的危机，而我完全不知道怎么应对。

更换产品吗？我手里有100种货，已经轮流摆在格子里展示过了，都不好卖。降价吗？我的价格已经一降再降，有的产品快降到成本价了，还是卖不出去。而且我把自己的产品和其他格子上的同类产品比价，我的价格已经是最低的了。还能做什么？难道我要发传单宣传自己的格子吗？不可能啊。

我有了一种深深的无力感。我每天只能被动等待着成交，收到的却总是坏消息。

我在百度查询：如何提高格子铺的销量。答案很鸡肋：卖女人的东西、低价进货、把最有个性的东西摆在前面。这些招数我都已经用过了啊，但是没有销量啊！

我也想过出奇制胜。比如写一个纸条：我是一名贫困大学生，通过卖饰品来补贴学费，希望大家帮帮我。结果店主看到后说这样不太好，让我不要贴。

有跟我关系好的女同学为了支持我，买了几十元钱的首饰，可是我连说谢谢的力气都没有了。

我开始焦虑得睡不着觉，不想吃饭，无心上课。

大学时，我一个月的生活费不到1000元。为了省钱，我每天都要用记账软件记录自己的花销。我喜欢玩游戏，可是当时流行的 dota 我从来不玩，因为我的计算机配置跑不动，而且我也没有钱去网吧。

存款上万后，我立刻就飘了。我换了新手机、新计算机、新衣服、新鞋，开始频繁地带人下馆子吃饭。结果就是，以前一个月花 800 元就够了，现在一个月 3000 元都打不住。

掏出 5000 元租下格子后，我的存款已经差不多花光了。

说实话，当时的感受就是悔恨，想哭。

记得有一次，天降暴雨，我特别矫情地跑出宿舍淋雨，感受那种雨水、泪水混杂着从脸上滑落的感觉。

三个月后，要交下一个季度的租金，可我已经没有钱付了。我彻底放弃了，甚至不愿再走这条美食街的小路。这三个月我的格子铺收入是多少呢？几百元，连进货的成本都没收回来。

9 推动人类进步的是"愚蠢"

在格子铺生意失败后,我痛苦得不想上学。

我从 18 岁开始炒股,几乎是年年赔钱,但是我的股本很小,就是几千元扔里面,所以赔着赔着也就麻木了。这是我第一次,直接一把赔掉 5000 元钱。心理学上有个词叫"损失厌恶",就是说比起获得 100 元钱的快乐,失去 100 元钱的痛苦对人的影响更大。

赔掉 5000 元钱,对当时的我来说是一个致命的打击。除了金钱的损失外,自尊心受到的打击也非常严重。

我当时是比较相信自己是一个经商小天才的。从大学开始我就做小买卖,有过很多其他同龄人没有的社会经历。我还读过很多创业方面的书,对商业上的事情有自己独到的见解。与同学聊天时,大家经常会说"彭楠说得真对啊,我怎么没想到呢"。这些都助长了我的自信心。

这次做格子铺,我也跟同学夸下过海口,说这是一门非常有潜力的生意,我逢人就讲我的"商业布局",从一个格子做起,一年后要覆盖全北京的格子铺等。同学们都开玩笑似的改口管我叫"彭总""彭老板"。没想到,我的格子铺生意甚至还没有正式开始就宣告失败了。我不知道怎么面对那些我曾经对之夸下海口的同学们,他们是不是会嘲笑我、讽刺我,背后调侃我?有一两个星期的时间我都故意绕开同学们走。

这是我第一次意识到：我不是什么商业天才，我就是个弱智。

其实，几乎所有人在刚开始做生意或者买股票时，都有着极其爆棚的自信心，就像我一开始那样，相信自己一定可以成功。事实上，不论是创业成功率还是投资赚钱的概率，都低于5%。那你说这么多人哪里来的自信心，相信自己就是那天选之子呢？

因为大家都很"愚蠢"。也正是这份"愚蠢"，推动着人类不断进步。

哥伦布当年一直以为自己要去找的是亚洲，所以他错误地估算了航海的距离，如果他一开始就知道自己要去的是遥远的美洲大陆，他和他的船员们是万万不敢出海航行的。

正如科学起源于巫术，化学发源于炼金术，"愚蠢"的行为推动着我们的进步。

明白了吗？"愚蠢"的另一个名字叫作"梦想"！

而这也就是创业的一个根深蒂固的矛盾：如果你自信心爆棚，有极强的成功信念，那你就容易脱离现实，容易过度盲目、投资导致失败；如果你比较谨慎，意识到创业成功率非常低，那你根本就不敢开始。

所以，协调好自信与谨慎的关系、梦想与现实的关系，是创业者的终生课题。

在创业历程中，我也不断地在自卑、自信、绝望、希望中切换。

如何摆脱这无限的"地狱"呢？现在的我，仍然没有明确的答案。

10 不要轻易相信任何人

我见到很多人是这样的情况：他们做了一辈子生意，却一直在犯同样的错误。

比如，喜欢开店，开一个赔一个，还是一直开。比如，喜欢先注册一个公司，搞一个豪华办公室，然后一年没业务，关门倒闭，过两年又再开一个。

他们缺乏反思自己错误的能力。反思，就是要质问自己：我为什么会失败？

我的格子铺生意为什么会失败？我总结出四个原因：

原因一：我不懂饰品生意。

我这些年做生意的经验之一就是，只要你把一门生意吃透了，就不会穷。

一个掌握开餐馆技能的人，比如西贝莜面村的老板贾国龙，哪怕西贝莜面村黄了，他再开一个别的餐馆，一样赚钱。一个掌握了卖杂货技能的人，比如名创优品的老板叶国富，最早做的店叫"哎呀呀"，即便名创优品黄了，他再开一个杂货店，一样赚钱。

然而多数人的逻辑是，一个生意干黄了，我就换一个生意接着干。比如当年的我，高中开淘宝网店、大学卖耳机都没赚大钱，接着换成格子铺卖饰品，更是赔了钱。

我们总是觉得做生意不挣钱，是生意不行，其实不是生意不行，而是人不行。

原因二：我对"社会人"的看法过于幼稚。

20多岁的我，对人性缺乏基本的认知。我总是假设其他人是善良和真诚的。我认为自己善良且真诚，而且为此还有着道德优越感。我愿意相信其他人是诚实的。

几乎所有从象牙塔走出的学生在进入社会后，都面临过这样的困扰。你不能轻信别人说的话，不能轻信任何人。

我对格子铺未来所做的盈利预期，都是基于格子铺店主给我提供的数据。他反复暗示我，在他这里租格子的人都很赚钱。他告诉我店铺平时几百人、周末几千人，事后想来都不是事实。他很可能是仅计算高峰时段1小时的客流量，然后乘以全天的营业时间。他反复给我信心，相信我一定可以赚到钱。他说自己做的是长期客户，如果我租了格子不赚钱，他还要重新出租，多麻烦啊！所以他一定会帮我把产品卖出去。这些是他的原话。听着很有道理，而且都在为我着想。结果是，格子铺的客流量连店主所描述的1/10可能都没有。

店主是坏人吗？不是。他只是一个为自己利益而活的"社会人"而已。

原因三：我没有"实事求是"。

"实事求是""尊重事实"，听起来容易，但真的没几个人做得到。

哲学家休谟就讲过一句话：理智是情绪的奴隶。

因为我们都是被自己的情绪所控制的动物，指挥我们行动的不是我们的理性大脑，而是欲望和恐惧。因为我们总是先入为主地认定了某种妄念，然后再推动自己的理智去说服自己。

在我对格子铺生意进行调研时，已经有非常多证据证明这个生意很难成功，可是我选择不去看这些证据。

其实，我调研的过程就是一个找理由说服自己去做的过程。比如，我每次去店里考察的时间都是午休和晚上这种人流的高峰期，然后我用高峰时段的人流测算全天客流量。这不科学，可是它符合我内心的期待。

比如，好几次我都碰到了其他格子主，我只要简单地问一句"您生意怎么样"就可以得到答案，可是我没有问。一部分原因是我比较内向，不善于主动沟通，但更多的恐怕还是盲目自信。

我先入为主地认定了这个生意赚钱，我要做格子铺生意。然后我用自己的理智在现实中去寻找证据来说服自己。

这是我犯的第三个愚蠢的错误。

原因四：格子铺这个商业模式根本不成立。

格子铺店主本质是一个二房东，整租一个店再分租格子出去。那这里就涉及一些问题：格子里的商品都不是什么稀罕玩意儿，网上都能买到。那如果格子主选的货好卖，店主可以轻易复制一个格子跟格子主竞争，获得比出租格子更高的收益。而格子的产品如果是格子主自己制作的且好卖，那格子主的必然选择应该是开网店扩大销量，而不是在一个小格子里卖货。一个格子连月入过万的销量都承载不了。

最后必然的结果就是，格子铺会转为自营。自营，说白了就是线下杂货铺。我们现在看到商场里的酷乐潮玩、Green Party，都是由当年格子铺时代转型过来的。

果然，之后不到半年，这个格子铺就支撑不下去，自行倒闭了。

我当时自然是意识不到商业模式之间的差异的，我那个租100个格子的梦想，本身就不成立。

11　重振精神，考察项目

格子铺生意失败后，我就一蹶不振，不谈经商了，我甚至抬不起头去上学。

当众夸下海口之后又在众目睽睽之下失败，这种屈辱我终生难忘，更不用提赔掉的那 5000 元钱了，简直是痛彻心扉。

有个有意思的故事可以分享给大家。前两年，我做生意已经赚了些钱，受别人的邀请去给几个大学生创业团队做了创业经验分享。我当时就讲了自己格子铺生意失败的故事，讲到最后我挺伤感的，几个 20 岁的学生却是一脸茫然，好像没什么共鸣。

这时一个同学怯怯地问："您就赔了 5000 元钱吗？"

他这么一问我就明白了。一打听，果然。这几个学生家境都不错，不说"富二代"吧，至少是吃喝不愁，穿的、用的都是大牌。他们不知道花 5 角钱打 2 两饭都要记账是什么感受。没有受过没钱的苦的人，不会明白 5000 元钱对当时的我来说有多重要。所以，你们看**我总强调零成本创业，因为对我来说，我宁愿不赚钱也不想冒赔钱的风险——赔钱太痛苦了**。在做生意的早期，我这种"抠门"的性格是非常占优势的，因为我不可能赔钱，早期创业生存率很低，所以我总能活下来。

但是随着我自己开始开公司想做大事，这种"穷屌丝"的性格缺陷就暴露出来了。

我这种性格，说好听了叫"谨慎"，说难听了叫"自我"。而且这种根深蒂固的性格缺陷真的特别难改，我也尝试过很多次，都失败了。

对一些从小衣食无忧的人而言，他们就不是这样的性格，钱该花就花，财散人聚，结果人家能做成大事。

说回正题，老老实实上了几个月的课后，我又禁不住地想做生意了，创业意愿强烈的人都是有这种原始的冲动的。跟谈恋爱似的，一次失败了，当时就想单身一辈子，再也不谈恋爱了，可过了两个月，又开始恋爱了。

经历了格子铺的失败，我再次做生意时，考察项目就更谨慎了。我给自己定下标准，大投入的项目我绝对不做，当然我也没有钱投入了。

我首先看到的项目是微商。那是2013年，正是第一代微商蓬勃发展的时候。

我做格子铺时认识了一个格子主，她是一个宝妈，住在我们学校附近，平时带孩子没什么其他事情做，就做点小生意。她做格子铺生意跟我一样，也赔。当时我们就加了好友。后来我发现她开始刷屏朋友圈，刷的就是微商的广告。

出于好奇，我向她询问情况，她很热情地给我介绍，大致的套路跟现在的微商差不多，就是说这个东西前景怎么怎么广阔，她有个上级做这个不到1年时间就买房子了，等等。

现在你能看到的微商在宣传方面其实已经收敛很多了，早期的微商那是十分夸张的，朋友圈一天刷四五十条消息，现在你一天刷那么多很容易被封号的。

我说我有点兴趣，她就把我拉进了她们的一个团队群里，这个群都是一些没花钱的代理，拿货价很高，类似于现在的一件代发。这个姐姐就是团队长，团队长上面还有好几级，最大的叫"联合创始人"。现在规范化的微商通常不超过五级，当年那个野蛮生长时期的微商十几级的都有。产品的价格也是十分夸张的。

我印象比较深刻的就是她们卖的一个粉末状的茶包，类似于酵素，号称喝了减肥的那种。它的零售价是一盒198元，一盒里面只有5包，一包泡一杯茶，这一杯茶的价格比星巴克的咖啡还要贵。

当时这个群里每天都要进行生活分享，大家早晨起床后要互道早安，然后团队长会铺大量的宣传文案到群里，你要跟着转发到朋友圈。我当时微信里都是同学，实在是不好意思转。团队长就一直鼓励我，大概的话术大家都听过，什么"要面子的人都没钱，要钱的人就不能要面子，最后要面子的人没钱也没面子，要钱的人有了钱也有了面子"，类似这样的说辞。

最后我还是拉不下脸，灰溜溜地退群了。

不过鸡汤话虽然都是废话，但它是正确的，**大家一定要记住：死要面子的人是很难做成生意的**。随着这几年的历练，现在的我已经克服了自己脸皮薄的心理障碍。比如像现在录视频这种事，几年前我是绝对做不出来的。

除了微商项目外，当年我还考察了摆地摊项目。

我们学校附近有一个天桥，晚上的时候我就喜欢站在天桥上看下面的车流，幻想自己什么时候能买辆小汽车。

天桥上每晚都有摆摊的，卖首饰、玩具、袜子、皮带的都有。我就偷偷开始给他们算账，一晚上能赚多少钱。我大概记得一些数据，天桥每晚路过1000人，有不到100人会驻足观看，成交10人左右。

袜子比玩具好卖，便宜的东西尤其好卖。比如，有一阵有个人卖15元钱

零成本创业
——从0到1000万的创业解决方案

一件的T恤衫，成交率非常高，不过他只卖了一阵就没有再出现。

我发现地摊的客单价比我想象的要高，好多人一买就会买一大包。按照30元客单价算，一个摊位一晚上的销售额有300多元钱。

我还真有点心动了，正好我之前做格子铺剩下了不少货，如果在这摆个摊，不就可以把这些货都卖掉了吗？

不过考察了几天之后，有一次晚上就出事了：城管来了。这些摊贩都是卷上铺盖后就疯跑，这吓着我了。我才知道随便摆地摊不合法，所以最后我还是放弃了摆地摊的想法。

随着这几年的成长，我认为摆摊其实是非常适合没经验的生意人小试身手，去锻炼一下自己的。摆摊就是一个小规模的商业实践，你可以经历进货、观察客流、与客户打交道、砍价、与同行竞争、与监管部门打交道这一完整的商业历程。你只需要花几百元钱进货，用两个月的时间，你能学习到的商业知识就远超任何一个商学院教授教给学生的。而你如果选择去开店，你可能要花好几万元,用两年的时间才能换来这些生意经验。当然,前提是摆的摊要合法。

真正的赚钱智慧就藏在市井之间。想一想现在最火的直播大V李佳琦和薇娅,一个是从柜台做起来的,一个是从批发市场做起来的。他们都有长期与一线消费者打交道的经验,他们知道人们喜欢什么,知道说什么话能让人埋单。这才是真正的商业智慧。

12 考察外卖项目

当年，我还考察了外卖项目。

最早的外卖平台是"饿了么"，发源于上海，主打校园市场。当年在校园里生活的我们这些学生党应该是全中国最早接触外卖平台的一批人了，外卖的价格跟学生食堂的价格差不多，但品种更丰富，而且能送到宿舍楼下，因此外卖平台一进入学校，就迅速在学生群体中流行了起来。

作为一个小小商人，我立刻敏锐地想到：我能不能去开一个外卖店呢？

在外卖平台的后台，有申请成为店主的链接。申请非常容易，提交你的身份证和店铺地址就可以了。不到3天时间，我的店铺就开业成功了，不过我也不可能真的去开个店做饭，所以开通之后我也没有去管，就放在那了。

过了一段时间后，我在711便利店买了一个进口薯片，发现特别好吃，于是就到淘宝上找货源，下单买了一箱（网上买便宜）。结果吃了没几包就吃腻了，剩下一大堆没有吃，怎么办呢？我突然想到了我开了一个外卖店啊，干脆把这个薯片挂到店里去，万一能卖出去呢！本来我没抱太大希望，但是意外的是，产品上架后不久就有人下单购买了。当时我也不知道怎么去联系外卖小哥，我就自己照着配送地址，打车给客户送过去了。毫无疑问，加上打车费后我这一单生意做亏了，但是我发现了这个外卖平台的巨大潜力。

这个平台让我想起了自己16岁时开淘宝店的经历。那时是一样的，一个新兴起的平台，开店门槛很低，货上架后很容易就有人买。那些2006年就去开淘宝店的人，坚持到现在的肯定赚了不少钱。

我想，这个外卖平台会不会就是未来的"淘宝"？于是，我下定决心，开始认真探索这个外卖项目。

下面就给大家分享一下我选项目的经验。

一个新兴的商业模式刚出来的时候，绝大多数人都会觉得这个东西不靠谱。比如，在我做外卖的那个阶段，大家都觉得外卖脏、没有资质、外卖商家可能会用老鼠肉、地沟油。

大家的认知跟不上，对早期的淘宝也是这样，会说卖的都是假货，在淘宝买东西的人就是穷，在淘宝卖东西的人那就是不正规。2018年时，我推荐大家去做拼多多，当时也是同样的情况，一堆人骂我，说拼多多都是卖假货，你推荐这个不丧良心吗？

现在大家都知道了，这几个平台让很多早进入的人发了财。那么**一个精明的生意人，就一定要趁着大家都在质疑的时候，第一时间去尝试这个生意。**等到所有人都知道这个生意挣钱了，也就没我们小白什么事了。

13 开启躺赚模式

在我决定做外卖项目后,第一个问题就是"卖什么"。

我不会做饭,不可能去卖盒饭。那么我就仍然先以零食为主。

我到超市随意买了一些薯片、锅巴、干脆面。由于有了之前格子铺的教训,所以我进货非常谨慎,大概就买了一二百元的东西,万一卖不掉还可以自己吃。

这次我没有再跟同学讲我又开始创业了,我不想再丢人了,而是自己偷偷做。

记得我把一大堆零食放进宿舍的时候,舍友还以为我是失恋了暴饮暴食呢。

我用一天的时间把商品全都上架了,看起来我的外卖店就是一个零食铺子。

一开始我还担心,我卖的这些东西都是超市里随处可见的,我的价格也没有优势,能有人买吗?但是开店的第一天我就出了 4 单,赚了 100 多元钱,这个给我的激励太大了。我知道我可能走对路了。

当天我就一直营业到晚上 10 点才关店。不到 3 天的时间,我进的货就全卖光了。

在这几天，我掌握了外卖店的运营方法，怎么下单、怎么选择配送区域、怎么呼叫外卖小哥。

最关键的其实还是选品问题。有的朋友可能不太理解，外卖店还能卖零食吗？

其实，一个平台早期都是比较宽松的，平台的主旨是鼓励更多的人上来开店，所以外卖平台原则上不允许卖零食，但你真的卖，也没有人管你。

那具体卖什么零食呢？虽然我不懂选品，但我知道应该把握两个原则：一是你要不就卖其他地方买不到的；二是你如果卖的东西和其他人一样，那你的价格就要比别人低。

我当时主要是在超市进货，价格上没有太大优势，我就想到可以去进口超市和便利店买一些进口零食，由于这些零食不常见，所以我就可以把价格定高一些。

比如一包乐事薯片 10 元左右，而我店里的进口薯片一包可以卖到 28 元。我的进货价是 18 元左右。但是很多没去过进口超市的人可能都没有见过这些进口货，所以看到时可能会觉得新奇，想尝尝鲜。

之后我又陆续进了一些虾条、泡面等方便速食产品，慢慢把我的外卖店开成了一个小便利店。

开店之后的 1 个星期，我的店铺基本稳定在了 1 天成交 5 单左右，最多的一天甚至能成交 10 单。

一个小小的零成本赚钱项目，就这么在我的宿舍里默默启动了。

14 如何选择创业项目

我的外卖店正式营业后,每天的流水都在增长,有一天甚至突破了1500元。这对于当时还是学生的我来说,真的是太刺激了。而且这个钱赚得还不难,我每天都正常上课、下课,只是在需要发货的时候联系一下配送员取货,其他时间该干什么干什么。

我一度觉得自己是在做梦。

后来随着经商经验多了,我慢慢总结出了一些做生意选项目的方法,才知道这种看起来"轻松挣钱"的境况,其实意味着我走对路了。

想象你在找对象,认识了一个女孩子,你们一开始聊得就很投缘,你喜欢她,她也喜欢你,那么你们在一起的概率就很大,而且在一起能幸福的概率也会比较大。换另外一种情况,就是你很喜欢一个女孩子,可是她对你没兴趣,你怎么追也追不上,费了好大劲,即便追上了,以后两个人相处的时候心态也很容易失衡。

一开始进入一个生意时你就感觉这个生意特别费劲,那么大概率这个生意你是做不好的。**绝大多数生意都是一开始好做,后来慢慢开始难做。很少有生意是一开始很难做,坚持下来结果变好做了的。**

那为什么会出现这种情况呢?我的感觉是跟生意的介入时机有关。

你一定要在一个行业的早期进入，也就是"野蛮生长"时期。这个时候，这个生意的自由度比较大，用户数量在持续增长，行业的进入者往往都是小白和外行人。

早期的外卖就是这样的情况，当时实体饭店都是不开外卖店的。而早期的用户以学生为主，后来随着美团开始拓展白领市场，外卖生意才渐渐开始向全社会扩展。

平台初期对开店管制也非常宽松，不用交税，不用资质，甚至连实体店都不需要，拿个身份证就能开。这时就是开店的黄金时期。

2006 年的淘宝、2018 年的拼多多和抖音，也都经历过这样的阶段。你在这个平台发展初期加入进去，伴随平台成长，你就能坐享平台增长的红利。

这就是选项目最重要的方法：不要错过任何一次机会。

每一次有个平台看起来要做起来时，你就要第一时间加入进去，去尝试、去探索。总有一个风口会让你撞上，就是这么简单。

2013 年，我撞上了外卖风口。

2018 年，我撞上了抖音风口。

未来还会有更多的风口涌现，希望大家把握住机会。

15 店铺惨遭下架

我的外卖店经营了1个月左右，流水达到了1万~2万元，我的利润率维持在30%~50%，这意味着我兼职做外卖1个月的收入跟白领一个月的工资持平了。当时是2013年，北京的大学毕业生平均工资大概也就是5000元。

而且我真的没有付出太多努力，每天都是用零散的时间发货、跟客户沟通，晚上去补货，补货其实就是逛超市、逛淘宝，轻松得很。

但是，躺赚的日子并没有持续太久。有一天我登录外卖后台，弹出一个通知，说我的店铺不合规，被下架了。当时我的心就"揪"似的痛了一下，赶紧查找下架原因。联系后台客服，客服说你得去找你们当地的BD。

这BD是啥呢？我也不懂，就查了一下，BD的全称是business development，即商务拓展。外卖平台BD的工作就是去线下跑一个个实体商户，说服这些商家加入外卖平台。

现在开实体餐馆的商户都知道必须在外卖平台上开个店，在2013年的时候可不是这样的。那个时候多数正规商家对外卖是比较抗拒的，你求着人家来开店人家都不来，所以需要BD这种角色去一个个实体店跟老板讲清楚开通外卖平台的好处。可见当时像我这种自己主动开店的人其实不太多。

在2014年和2015年开外卖店巅峰期，每个平台，只算北京这一个地方，几乎每个地铁站范围的区域都配了 1～2 个 BD。后来几年，随着人们对外卖的认知度越来越高，商家们都主动去平台开店了，BD 的数量也大幅减少了，当时与我接触的几个 BD 后来都转行了。互联网行业的变化真是快，1 个月相当于传统行业的 1 年。

说回正题。我管客服要来了管我们这边的 BD 的电话，就拨过去了。我说我是某某店的，为什么我的店铺被下架了？他查了一下，告诉我说是店铺的类目不合规。因为我当时上架店铺时选择的是中餐类，但我的店铺上卖的都是零食。

其实这个问题我一开始就想到了，问题是当时开店选择品类的时候没有零食这个选项。现在你可以看到外卖平台上有超市、便利店，甚至还有药店等，但在 7 年前，里面只有火锅、川菜、西餐之类的餐饮品类可选。

于是我就跟 BD 说了这个情况，他说"好，你等我去问问"。这一听我就明白了，合着他也是新来的，估计还没我懂呢。

过了一阵他回电话给我，说确实没有这个品类。平台不太鼓励在上面卖零食，我这个店没有办法开了。挂了电话，我的心又痛了一阵，这可是 1 个月 1 万～2 万元的收入啊，难道就这么黄了吗？

难受了一阵之后，我想，我不能这么轻易放弃，这个 BD 应该也是新手，他说的不一定对，我应该再多试试。于是，我就一个品类一个品类地试，看看我到底能在哪个类目上架。

基本上我当时一申请上架，过两个小时之后审核就驳回了，说我的店铺不符合要求。花了几天时间，我几乎把所有类目都尝试了一遍，还是不行。估计审核员都烦了，给我审核的时间越来越长。我也是越试越绝望。

爱迪生为了寻找合格的灯泡材质，试验了 1000 多次，可是我这个外卖品类只有这么十几项，我全都试了一遍了，还是不行，怎么办呢？难道真的就这么放弃了吗？

直到有一天，我在外卖平台点了一份盖饭，为了凑满减，顺手下单买了一听可乐。下单的那一刻，我突然意识到：咦，中餐类可以卖可乐啊？既然中餐类可以卖可乐，那中餐类不也可以卖零食吗？只不过店里必须是以中餐为主，零食为辅，那我只要上架一堆中餐菜单，不就解决问题了吗？我可真是个天才。

我正要申请上架中餐产品时，突然看到一个非常非常小众的类目：水果。对啊，我直接改成水果类目，水果我在超市也买得到，那我卖一些水果，同时还卖零食，这样不就搞定了吗？

16 创业关键点：发现问题，解决问题

经过近两周的努力和尝试，我终于解决了店铺品类的问题。

我上架了三十多种水果，但定价非常高，因为水果只是我为了上架方便用的，根本没打算成交。比如1斤草莓超市卖20元，我卖50元，这个价格顾客几乎不会购买。

现在回想，这个店铺品类的问题只是一个简单得不能再简单的问题，但是在当时我真的是找不到任何解决方案，一度觉得自己的外卖生涯就要这么结束了。

通过这件小事，我也想给大家分享一下我做项目的心得。

很多人想到创业，第一件事就是找赚钱项目。其实，**任何一个项目都能赚钱，只要有人在做这个项目，就证明这个项目有盈利空间，不同项目之间无非就是赚多赚少的区别而已。**

浪费时间在找项目上，通常说明你完全不知道自己会什么、能干什么、喜欢什么。说句难听的，就是没想法。没想法的人，绝对不应该创业。

有人会反对，说项目很重要啊，我以前做了某某项目就是不挣钱。项目当然很重要，但不同的项目其实就像不同的山，每一座山你其实都能爬得上去，只不过有的山高一点，有的山矮一点，有的山陡峭一点，有的山平缓一

点，但每座山你都是可以爬的。

可是很多人的问题是他一直在选，我到底爬哪座山呢？选了半天，他又不爬了，或者爬了一半，遇到困难了，他就认为这山肯定爬不上去了，于是就换个山爬。结果就是他这辈子都到不了山顶。

创业者中，有30%的人在"山脚"根本不上去，有60%的人爬到一半就不爬了。

这两年我开始做创业自媒体后，对这点的感受特别强烈，短视频是这两年零成本创业的热点，我一直在指导一些朋友拍短视频。最常见的情况就是别人问我为什么自己怎么拍都不涨粉，结果我一看他的账号，总共就拍了5个视频。

你做任何项目，都会遇到各种各样的困难。正是因为有这些困难存在，成功才永远属于少数人，多数人碰到困难就停下了，只有那些聪明的、有信念的、热爱这件事的人，才能破除千难万阻，最终登顶。

我相信，时间回到7年前，一定也有大批的创业者去做了外卖店，这其中一定有30%的人根本没有开始，有60%的人在开店的过程中因为种种原因放弃了。

开店过程中，我也无数次想过放弃。因品类问题而被下架，只是我遇到的一个小困难而已，之后我遇到过更严重的问题，而一个合格的创业者，就是要一次一次地克服这些困难。在解决这些问题的过程中，你会不断成长，你会超越其他人，你的财富也会增长。

而那些被问题卡住而换座"山"去爬的人，多数情况下一辈子也到不了任何一个山顶。

17　困难的反面是机遇

我终于解决了店铺品类问题，本来以为这回可以踏踏实实赚钱了，没想到，不到一个星期的时间，我的店铺又被下架了，下架的理由是：店铺地址不合规。

我又给 BD 打电话，BD 说："你这个地址留的是宿舍楼，这个不能用作经营地址的。"

这么一闹，我的心情又 down 到了谷底，好不容易消停两天，平台就不能让我好好赚钱吗？既然不允许宿舍楼做地址，为什么一开始又允许我开店呢？

想了半天之后，我又给 BD 打电话，我问他：什么样的地址是合规的呢？他说原则上必须是餐饮经营场所，他们是要做地址现场核查的。

我就问他：那些在自己家里做私厨的地址不是也不合规吗？BD 犹犹豫豫地说：这个原则上是不可以的。

我给各位读者普及一下，在外卖平台发展的早期，你是可以自己在家做饭去送外卖的，那时候叫"私厨"，是当时很流行的一个创业概念。由于政策限制，2015 年以后就已经不可以在家做外卖店了。

不过，BD 只是跟我说"原则上不可以"，我细细一品，明白了这句话的意思。于是，我又给 BD 打电话，用三寸不烂之舌软磨硬泡，只要他一直不同意，我就一直不挂电话。最终，BD 终于答应，帮我临时改一个合规的地址，但是，只是临时！

这对我来说就足够了。

店铺终于重新上架了。可是上架后，新的问题又出现了。

一般外卖商家在收到外卖订单后，平台会将订单自动推荐给一个附近的外卖小哥，外卖小哥接单以后就会按照既定的地址到我这里取餐，然后把餐送给顾客。可是现在由于我在平台上的地址变更成了附近的一个美食城，麻烦就出现了。外卖小哥接单以后，他默认会去那个美食城的地址取餐。所以每次外卖小哥接单后，我必须给外卖小哥打电话，然后跟他讲我不在美食城，我在学校宿舍楼。这个事情就非常麻烦。因为外卖小哥不认识我这个地方，他的骑手 APP 会直接给他导航到美食城去，而系统推送的外卖小哥都是离美食城近的，有的小哥离我这很远，我跟他说了他也不愿意过来。结果就是我这里的单子经常要换好几个外卖小哥才能配送，反复沟通非常麻烦。而且当年的外卖小哥数量远远没有现在这么多，结果就是经常出现发了单子没人接的窘境。

我只能说，做事就是这样，一个麻烦接着一个麻烦，每个问题看似都无法解决，而一个创业者的工作，就是把这些麻烦解决掉。

最后我想聊聊外卖小哥这个群体。我当时接触最多的就是他们，对外卖小哥们还是很有感情的。令我惊讶的是，至少有一半的外卖小哥的梦想是攒够钱后回老家开个店。而且他们实际上正是这么做的，很多小哥就是在北京干了 3 年，攒了几万元钱，然后回老家一把梭哈了，半年后又跑到北京来送外卖。

我多希望这些外卖小哥能看到我的这些经验，知道不要盲目投钱开店，知道不要到小地方去做生意。为了让他们看到，我也需要继续努力。

言归正传。不知不觉间我的外卖店已经运营了一个多月。这一个多月的时间，我的月流水达到了 1.5 万元，这是我人生中第一次感受到赚钱的快乐。而这一个多月的时间里，我的店铺被下架了一个多星期，之后又是更换地址等各种事情的干扰，并没有发挥我 100% 的实力，更何况我当时只开通了"饿了么"一个平台，美团外卖和百度外卖我都没有入驻。如果我同时开通了 3 个平台，那我一个月流水岂不是可以过 5 万元吗？每每想到这里，我的心中就充满了自信。

不过我当时也面临着几个急需要解决的问题：

第一，就是由于我需要上课，上课的时候我要关店。比如有两天我是一整个上午都有课的，那这两天我就会选择中午下课后再开店。但是后来我发现，不开店不仅会影响业绩，还会影响我的店铺排名，平台似乎会鼓励那些长时间开店的商家，营业时间越长排名就越靠前，有点类似于现在的直播，每天的直播时间是一个硬门槛。我经常会发现中午开店的话，一整天我的排名都会靠后，非常影响业绩。

第二，就是变更经营地址后，外卖小哥经常不接单，这个问题越来越严重。现在的一线城市几乎不存在外卖小哥不接单的问题，而经常会出现外卖小哥过剩要抢单的状况，但是当年送外卖的人其实是不多的。我正常发一单，平均是 1～2 分钟能有人接单，变更地址后，经常是换了 2～3 个外卖小哥都不愿意接单，然后就需要等待非常长的时间，有时要等十多分钟，甚至一直就没有人接单。

第三，就是我发现我的店铺品类从中餐变为水果以后，我的店权重下降了。中餐品类的店能出现在首页，也就是顾客一打开 APP 就显示的位置，而变成水果品类后，我的店就再也无法出现在首页了。这个逻辑也很好理解，大家打开外卖 APP 主要还是为了吃饭，但是这个事情对我的销量影响是非常大的。

这些问题就是我迫切需要解决的。之前我也谈过了，做生意其实就是一个不断解决问题的过程，你能解决的问题越多，你赚的钱就越多。而多数人不赚钱，就是因为他们解决不了问题，他们碰到问题就放弃了，只有人带他、教他，他才能跟着做，所以他只能打工。

18 没有人在乎你的创业点子

开店中面临的上述三个问题,我需要一个一个来解决。

我变更店铺地址后,外卖小哥接单非常不方便。

有几次,我实在没办法,只能自己去配送。幸好我这种零食性质的外卖并不需要赶时间,即便我的速度比较慢,客户也没有提什么意见。但是我要上课,不能每次都自己送,于是我想到一个方法:找同学帮我送餐。我的外卖基本都是中远距离配送,配送费比较高,一单要 10 元左右。我有很多同学都想做兼职赚钱,如果帮我送餐,一天能赚 200 元左右,对学生来说还是比较划算的。

所以,我当时打算让我的同学帮我送餐,但是有一件事情我特别担心:我怕同学知道我的外卖店很赚钱后抄袭我。

我的担忧是有道理的。当时外卖生意绝对是一个"蓝海金矿",我兼职做了一个多月就赚了一万多元,是白领的月工资的 2 倍。之所以有这么高的收入,其实就是因为平台的顾客多,开业的店铺太少。

那其他同学如果知道了我做的生意这么赚钱,来抄袭我怎么办呢?所以我一直不敢跟同学们提起兼职的事情。但是随着配送问题越来越严重,有越来越多的客户开始要求退单。解决配送问题已经刻不容缓。

零成本创业
——从0到1000万的创业解决方案

终于有一天傍晚，我找来一个跟我关系比较好的同学，把他拉到操场上一个空旷无人的角落，我神神秘秘地说："你不是一直想打工赚钱吗？我这有个机会。"

他好奇地问："什么呀？"

我说："我现在在做一个外卖店，你来做外卖员吧，一单可以赚10元钱，一天能赚100多元，有没有兴趣？"

他充满疑惑地看着我说："你是让我送外卖吗？"

我说："对，但是我这个外卖不用赶时间，收到订单了你骑车过去就行。"

他的问题又来了，他说："你为什么要做外卖店呢？"

一听他问这两个问题的语气，我就觉得不对。

当年，外卖并不是一个被社会广泛认可的行业，大家普遍认为外卖店用地沟油、脏、乱、差。高档小区从来不让外卖小哥进门，需要顾客自己下楼到门口取餐，整个外卖的生存环境并不好。

这个同学可能是看不上外卖生意。果然，他跟我客气了一下，说考虑考虑。我很清楚，他不可能做的。后来我又去问了几个同学，他们纷纷拒绝了我，有些人甚至对我开外卖店表达出了负面的态度。

我从他们的质疑中读出了一种暗示：一个学金融学的研究生，不应该去做这么低层次的事情。尝试了几次之后，我就放弃了找同学帮我兼职的想法。

从这件事中我有两点领悟：

第一，千万不要太把自己当回事。这两年做创业自媒体，我经常接到一些私信，有人说他有一个特别好的创业点子，想找人跟自己一起做，但又怕别人抄袭。最搞笑的是一个哥们想向我咨询一下他的创业点子，但要我先签一份保密协议。我说大哥，留好你的点子，这个世界最不值钱的就是点子。没有人会对你的点子感兴趣的。

第二，不要太在意其他人的看法。当时的外卖真的很赚钱，我一个外行人起步一个月都能赚到一万多元。一开始我特别担心告诉别人后他们抄袭我，结果事实正相反，他们不仅不相信我，而且还特别不屑一顾。

这个世界就是这样子的。

2018年我做直播的时候，很多人就问"现在做什么项目好赚钱"。我说做拼多多吧。他们说：就这？那都是卖假货的。你吹了半天牛，最后就让我做拼多多？所以后来我也就不轻易提这样的建议了。

最后讲个很有名的故事。

一个神父掉进了海里，他向上帝求救：上帝啊，救救我吧。

过了一会儿，来了一艘渔船，渔民说："快上船吧！"神父说："不用，上帝会来救我的。"又过了会儿，来了一架直升机，警察对他喊话："快顺着绳子爬上来！"神父说："不用，上帝会来救我的。"

最后，神父被淹死了。他见到了上帝，说："你为什么不来救我？你这样做，你的子民还怎么相信你？"上帝说："我派了船去救你，又派了直升机去救你，你都不上来，你要我怎么办？"

19　解决配送问题

我鼓起勇气请我的同学来帮我送外卖，结果惨遭嘲讽。

后面还有更惨的。生意并没有因为我的努力而变好，顾客的退单情况越来越严重。

记得有一次，我在上宏观经济学课，一个客户突然打电话过来，各种"三字经"问候我家人，给我骂懵了，骂的声音还特别大，坐在我旁边的同桌都听见了。

原来这个客户在我店里买零食送给女朋友，由于我一直没有配送，他女朋友生气不理他了，他觉得很丢面子，就冲我发火。

虽然我被骂得都快哭了，但毕竟是我不发货不对，只能一个劲地道歉。**原来生意人的肚子不是喝啤酒喝大的，而是被"气"撑大的呀。**如果想不哭，唯一的办法，就是把配送问题解决掉。

终于，我找到了几个第三方配送平台可以进行同城配送，那就是闪送和达达。这两家平台现在已经很有名了，但是当年的规模还很小，用的人不多，也很少有人听说过。找到了第三方配送平台，我的问题就算解决了一半。

有一天，达达快递的一个快递小哥在我这里接单时，跟我说加个微信吧，以后有配送单子可以直接微信联系他。原来这个小哥就住在我们学校旁边，他已经配送过 3 次我的单子了。

这个方法启发了我。对啊！我可以自己招募配送员！自那之后，每次有外卖小哥过来取件，我都会去加他的微信，尝试着自己给他派单。加了十几个外卖小哥微信后，我建了一个微信群，有订单就在群里吼一声，虽然接单率不是特别高，但也算是一个解决配送问题的方法。

这里补充说一下，之所以我可以这么做，是因为我的店铺的配送距离比较远，客单价也比较高，所以我的配送费很高，最高的有 15 元一单。

而且当年的外卖平台还处于比较原始的状态，外卖小哥以兼职为主，大家都是在各个平台混着接单。现在各平台管理很规范，快递小哥是专属各个平台的，这么干就不行了。

好了，经过这么几次折腾，外卖配送的问题基本被我解决了。之后，我还在不断地扩张我的兼职配送群，群里的其中一个送餐员后来还成了我的合伙人。

20　学业与创业，该如何选择

暂时解决了配送问题后，下一个需要解决的就是持续经营问题。

我读研时，每天有 2～3 节大课。虽然上课可以带手机和电脑，边听课边接单，可是我的货都放在宿舍。上课接了单，只能下课回去发货，一节课一个多小时，没有客户会愿意等我下课的。所以我只能上课关店，下课再开。但是，如果店铺营业时间不稳定，会遭到平台的惩罚。

最早大家都不太适应外卖平台，很多店在午餐高峰时段开外卖，后厨忙不过来，所以只在闲时经营外卖，高峰期就把外卖店关上。这样外卖平台肯定不愿意，所以就会对这些商家进行降权操作。

只有像麦当劳这种大品牌除外，这些品牌只要一营业，那就是上首页。平台的这种做法我也可以理解，早期的外卖经常被诟病地沟油什么的，把大品牌放在首页，对外卖平台是一个很好的口碑宣传。

这就苦了我这种还在上学的小商家。我只有周末持续经营一天的时候业绩比较好，平时上课一旦关店，排名立刻就下滑。

一开始，我利用了一个外卖平台的小技巧来解决这个问题。早期平台有一个机制，谁家开业早，谁的排名就靠前。比如我的店铺今天 8 点开始营业，你 9 点开始营业，那我的排名自然就会比你高。所以，我每天一起床就打开电脑，点击开始营业。上课前，我把冷门商品下架，热门商品的价格调到特别高，高到顾客根本不可能下单的程度。

这样就能保证在上课期间我的店在营业，但不会有顾客下单。等我下课，再把价格改回来。

怎么样？有没有智慧？

但是，很快外卖平台的排名算法更新了，我这个方法不好用了。

在我研究了很多招数都失效后，最终我只能选择一个：是上课，还是开店？

如果我上午去上课，关店 3 个小时，很可能一下午都不会有订单，晚上才会出单，收入下降一大半。每天起床后，我内心都在这种拷问中挣扎：要钱，还是要上课？内心挣扎了一个月后，我做出了决定：我要钱。

我的逻辑很简单，除了极少数学术派外，大部分人读研都是有一定功利性的，即拿一个高文凭。拿文凭的目的是找个好工作，找个好工作的目标是以后能赚更多的钱。我已经有方法能赚很多钱了，为什么要舍近求远呢？

在大学里，不管是你自己，还是你的班主任，你的辅导员，你的校长，没有人希望你毕不了业。除了一些 985 顶级院校要求极其严格外，绝大多数学校都是不会卡学生的。

当时我们同学都忙于刷绩点、考 CPA 和 ACCA，我也一度尝试过，但我觉得这条路真的不适合我。考一个注册会计师要花费数百个小时，最后换来一纸证书，拿着这张纸可以去找个月薪 8000 元的工作。但这不适合我。按照我的逻辑，考这个证还不如办个考证培训班。

在我看来，做生意学到的东西比课上学到的知识有用多了。

这个世界，有人擅长适应规则，有人擅长利用规则。创业者是最擅长利用规则的。

21 你对流量的力量一无所知

为了提高店铺的曝光率，我采取了一系列措施，甚至为了早开店几个小时而不惜很早就起床。有些做传统生意的老板不太理解，不明白我又是更换类目又是起早贪黑，折腾来折腾去，到底图个什么？做生意难道不是把产品做好就完事了吗？

没有做过互联网生意的人，对流量的力量是一无所知的。

在网上有一个非常简单的二八法则：

你想买苹果，于是打开某宝，搜索苹果，会出现十几页页面，有上百家店铺在卖苹果。但是，第一页的店铺，交易额会占到全网的80%，剩下的那上百家店，只占20%的销售额。

你想加盟一个奶茶店，于是上百度搜索"奶茶店加盟"，会有上百页、上万个网址弹出来，但是80%的点击量属于第一页，后面数百页、上万个网址的点击量只占到20%。

在外卖平台也是一样的，排名靠前的店和排名垫底的店，它们的销售额不是成比例的关系，比如一天内第一名100单，第二十名5单，不是这样的；它们是指数级的差异，第一名一天3000单，第二十名一天可能只有1单。

其实线下生意也是一样的道理，线上的流量，相当于线下的地段。

一个县城，有两个核心商业街，这两个核心商圈的交易额可能占到了县城全部消费额的 80%，商圈里的商铺每个月都有十几万元的流水，而其他小区底商，能有 3 万元的流水就不错了。

做线下商铺租赁的人都知道有一些万能商铺。比如一条超级繁华的步行街，只要你能搞到铺子，你做什么都很容易赚钱。这样的万能商铺，在线上生意中，就是第一页的位置，只要你能占据第一页的位置，你就可以赚钱。

这就是我不断地在钻研店铺经营的原因。任何一个赚钱的外卖老板都会有强迫症：每隔一会儿都会打开外卖 APP，看看自己店铺排在什么位置。如果发现翻了好几页都没翻到自己的店，他就会非常焦虑。

有时，我的店铺会非常幸运地上了首页，这时订单就会源源不断地涌过来，这种爆单的感觉真是太爽了，如果你有过类似的经历，你一定懂的。有的时候我的店铺排名非常靠后，一整天就都没有生意，这种焦虑你也一定懂。为了获得流量，每个做互联网生意的老板都在绞尽脑汁、挠破头皮地钻研。

我前面讲的这些，已经是 7 年前的互联网业态了，7 年后，流量的获取方式产生了巨大的变化，就是 AI 和大数据的运用。

平台给每个消费者贴上了成百上千的标签，平台有了算法，根据你的标签给你推送你可能会喜欢的产品。于是有了千人千面，每个人看到的首页都不一样，这对消费者有利，对平台有利，对商家来说则是加大了流量的获取难度。

一个消费者经常点麦当劳吃，那麦当劳就永远排在他的外卖 APP 的首页；第四名会给消费者推荐一个稍微小众一点的汉堡店；再往下翻，第八名会给你推荐肯德基作为备选。而一个经常吃川菜的人看到的首页则是完全不同的样子。这就是千人千面。

所以，我之前谈到的那些获取流量的方法只适用于七八年前的外卖平台。做生意，情况瞬息万变，你永远不能把几年前的方法套用到现在。即便我现在重新开一家外卖店，怎么去搞流量，怎么提高店铺的排名，我也需要重新做研究。

这是做生意最烦人的地方，也是做生意最有意思的地方。

一定要记住：只要你停止学习，聪明人立刻就能干翻你。

22 思维第一，执行力第二

在经营外卖店的过程中，我发现了一个非常有趣的现象。

我之前谈过，为了不让客户买我这里的水果，所以我的水果定价非常高，基本上是超市价格的两倍。可是我发现，即便是这么高的售价，仍然会有很多人来购买。这些人对水果的售价似乎不是那么敏感。更神奇的是，买水果的人比买零食的人重复购买率更高。

有很多人一开始是买几袋零食，然后买1斤苹果凑单。第二次再来的时候，就变成了以买水果为主，买零食为辅。

这让我开始思考：难道水果比零食好卖吗？

我分析了很多可能的原因。比如，我的店是水果店，所以进店顾客本来就是买水果的人居多。还有就是水果追求新鲜，更容易冲动消费，零食则可以上淘宝购买。

但是，想这么多其实没有用。一个商人，不是理论家，不是分析师，不是大学教授，商人首先是一个实干家。既然数据证明，水果有可能比零食好卖，那么我就应该立刻去调整产品结构，重视水果生意。

仔细想想，有件事儿其实特别可笑。

我为什么会卖零食呢？一开始我只是随手上架了这个品类而已，没有想太多。没想到竟然开单了，所以我理所当然地认为：零食很好卖。所以我之后的一系列经营举措都是以"我要卖零食"为前提的。当平台不让上架零食，我把店改成水果店后，还要卖零食。这其实非常可笑。

我为什么就必须卖零食呢？

你看，人的思维真的很可怕，它会把你自己限制死。跳出原来的逻辑，回到原点思考：我为什么就不能卖水果呢？想通了这一点，我自己都情不自禁地笑了起来。

以前因为平台不让上架零食店，我差点放弃这个生意。我真的太愚蠢了。之后，我调整了店铺的展示方式，把水果放到最显眼的位置，并调低了水果的售价。

不出两个星期，效果就出来了，我的经营流水有了显著的提高，买水果的人多了，重复购买率也明显上来了。

做生意，思维第一，执行力第二。

有时候，最不重要的反而是钱。

23 做餐饮最重要的事

我经过了一番思考后,调整了店铺品类,真正从卖零食的店转变成了销售水果的店。这里面其实蕴涵着一个深刻的道理,一个当时的我还不懂的道理:重复购买率。

餐饮行业有两个特点:

第一,是辐射半径短,餐饮店通常只能覆盖周围 5 公里的范围。

第二,是回头客极高,毕竟人每天都要吃饭。这种经营特点决定了餐饮行业是一个重复购、轻营销的生意。

重视复购率,简单来说就是指一个新顾客会不会反复来你的餐馆吃饭很重要。轻营销是因为餐厅的辐射半径短,营销能覆盖的人群有限。只要你的餐厅开在显眼的位置,即便不打广告,周围人群也早晚会知道你的。一个食客反复来 10 次,比 10 个新客人进店要重要得多。为了达成这个目标,开餐厅首先要做到的一点就是把饭做好吃。

然而,这么简单的一个道理,大多数人却并不懂。

比如,我很崇拜的营销大神"雕爷"曾经开过一个餐厅叫"雕爷牛腩",餐厅营销手段花样百出,唯一的问题就是口味一般,价格有点高。最后的结局自然是惨淡收场。

近年来，有大把靠营销翻红的所谓"网红餐厅"。比如，卖煎饼的黄太吉，就是因为把心思都用在营销上，产品本身经受不住食客的考验，惨遭市场淘汰。

商圈、美食街中，餐饮业的年更换率高达70%，就是因为绝大多数做餐饮的老板不懂得做餐饮"把饭做好吃"这个最简单的道理。

很多老板都会找借口，说：口味是很个性化的，有人喜欢，有人不喜欢，这都很正常呀！但是，菜品的口味就像一部电影的质量，有人觉得好看，有人觉得不好看，但最终市场会给这部电影一个公允的评分。开餐馆，就是要做到让多数人觉得好吃、愿意再来吃的程度才可以。

我每次去一个新餐馆，在结账时，总会思考一个问题：这家馆子，我以后还会来吗？

毕竟，同一个地段，有如此之多的餐厅供我选择，这家餐厅有什么理由能让我下次再来呢？唯一的理由就是：好吃，我还想吃。

互联网行业有一个数据指标，叫CLV（Customer Lifetime Value），即客户生命周期价值，指的是一个客户在整个生命周期内为你贡献的收入。这个指标同样适用于餐饮行业。

比如，我家楼下的杨国福麻辣烫，看起来很不起眼，我吃一次也只花费20元左右。但是我刚刚统计了一下外卖平台的订单，我平均每两个星期会点一次麻辣烫，一年时间内，我在这家店支出了超过700元。再统计一下麦当劳，我从读中学时就开始频繁吃麦当劳，平均每周都会吃一次，算到现在，我在麦当劳已经花费了超过3万元！

所以，当你决定开餐馆时，一定要明白：开餐馆就是做重复购买率的生意。

只有做到让你的顾客反复来，餐馆才能生存。而要做到这一点，最重要的一点就是把饭做好吃。**环境很重要、装修很重要、服务很重要，但它们都是 0，口味才是排在 0 前面的 1，先有口味，才能谈其他的。**

回到我开的外卖店。

当时我还不懂这个道理，但是在实际经营中，我发现买水果的人明显比买零食的人的重复购买率要高。当我重点推水果产品时，我的店铺流水有了肉眼可见的增长。

虽然我还不懂重复购买率的秘密，但是数据足够说明问题。

也就是在这时，我下定决心，真正转型成为一个水果店。

24 做生意，需要小创新

就我的观察，频繁点水果外卖的有这么几类人：

第一，白领，他们要不就是上班时点一份水果吃，要不就是在下班时点一份送到家里吃，我猜测主要是为了减肥。

第二，情侣互点，有的男生可能是为了追求女孩子，每天都固定点一份水果。

第三，土豪任性。由于我的水果卖价明显比水果摊要高，但还是有人总是点水果送到家里，除了不差钱外，我确实想不到其他理由了。

然而，水果产品也存在几个问题：

第一，我都是在楼下超市和水果商贩那里买水果，随着我开始主打水果生意，我去采购的水果越来越多，商贩也开始起疑心，这个学生也太能吃了吧？万一让他发现了我在做外卖生意，他自己开个外卖店，那麻烦就大了。

第二，我卖的零食能有1倍的利润，水果却只有20%，导致我的流水高了，利润却下降了。

第三，有些水果比较脆弱，比如草莓，在运输途中容易损坏，这就需要我购买更贵的包装盒。还有一些水果比较坚硬，比如木瓜，白领如果买了木瓜，在单位没法吃。

为了解决这些问题，我绞尽脑汁，天才地想到了一个创意：把水果切开，做成果盘。

当然，我们现在随处可见果切、果盘了，但是在当年，能想到这个主意的人可不多。我也是有一次跟同学去 KTV 唱歌时，看到人家送的果盘才想到这个方法的。

把产品改成果切后，有几个好处：

第一，利润率大幅提升。单卖水果的利润是 20%，变成果切后，直接提升到了 50%～100%，因为顾客没办法用果切跟水果摊的价格做对比，他们反而觉得花同样的钱吃到种类更丰富的水果，更划算！

第二，外卖水果店比水果摊更有竞争力，因为水果摊没有办法提供品类丰富的果切产品，而外卖水果店能！

自从上线果切产品后，我的店铺销量直线攀升，而这也带来了新的问题：

第一，我的水果进货量变大了，校内的水果摊我已经不敢去了。

第二，每天在宿舍切水果，实在太尴尬了！虽然同学早就习惯了我的怪异行为，但是在宿舍拿把菜刀切水果，还是很诡异啊！

所以我决定，在校外租房！

当时，我每天能有 30 单，客单价 50 元，每月的流水超过 3 万元。

我选择房子的要求如下：

第一，5000 元以内。房租成本不能超过收入的 15%。

第二，要在 1 层，方便外卖小哥取餐。

第三，离我所在的学校 1 公里以内，这样方便我上课和做生意。

当时我有两个选择：

第一，找一个临街的商铺，这样不仅可以做外卖生意，同时也可以直接

零成本创业
——从0到1000万的创业解决方案

摆一个水果摊，开展线下业务，我就能真正变成一个水果摊摊主了。

第二，租一个民宅，但没办法做线下生意，可是民宅会便宜一些。

经过多次实地考察，我发现，临街商铺这个行当水太深了！

同一条街的不同商铺，价格千差万别，有的免费转让，有的要收取高额转让费。有的店铺说在这里经营需要办营业执照，有的说不需要。考察了几次，我认为自己缺乏商铺租赁方面的知识，有了之前开格子铺的前车之鉴，这次我谨慎又谨慎，放弃了租商铺。

最后，我租了一处房子作为我生意的新起点。

顺便一提，在我之后多年的创业经历中，我在不同的阶段，多次考察过大量商铺，每一次都会给我一种"商铺水太深"的感觉。

比如，最常见的一种商铺类型是办不了营业执照的街边铺子，没有人说这些铺子不合法，也没有人说这些铺子合法。这些店铺之所以存在，是因为它们很多年前，在城管制度不完善时就在这里经营了，由于一直没有人管，所以它们也就生存到了现在。而这样的店铺往往处在人流密集的地方，生意不错。因此，转让费很高。

可是如果我掏了几万元钱的转让费，下个月城管说不让我经营了，这怎么办？找谁说理去？如果有邻居投诉怎么办？这些问题我都搞不清楚，风险太大了。于是，到现在为止，我都没有租过临街商铺。

如果没搞懂一个生意，我就不会轻易往里投钱。这些年，我都避免去做街边店生意。

我现在发展出的一整套零成本创业思维，起源和萌芽都是我当年对生意的思考。

当然了，每个人都有自己做生意的风格。

如果你从一开始做的就是开实体店生意，那在经历了几次失败后，你在开实体店领域就比我专业得多，对你来说，开实体店反而比做互联网生意的风险要低。我也会非常乐意向你请教关于开实体店的事。

特别提醒：做自己擅长的生意，赚钱概率最大。

但是如果你现在什么都不懂，什么都不擅长，我还是建议，从零成本创业入手。

25 赚钱使我快乐

随着学校放假,我也终于可以全身心地投入我的生意中去了。

我每天8点起床,洗漱,打开外卖平台接单,打开美菜APP订货。我一般会打开电视,随便放一些电视剧,然后一边接单一边备餐。虽然切水果、摆盘这些工作枯燥乏味,但是一边看电视一边做,也就没那么累了。有时,我会打开电脑,打几盘游戏,一边收钱一边打游戏,别提多爽了。

晚上,我会复盘这一天的工作;看着自己的存款又增加了一点,心满意足地睡觉去。

我从日复一日地赚钱中感受到了莫名的快乐。我从日益增加的存款数字中感受到了安全感。

在我的印象中,这是我人生中第一次感受到存在的意义。我人生的意义,竟然是为了挣钱。很俗吧?即便已经过去了多年,现在回忆起来,这段日子仍然是我人生中最快乐的时光之一。

我也曾经为了考试拼命过,为了考高分而彻夜复习。但是和挣钱的感觉不一样,考试分数在我眼中是虚幻的数字。备考时,我一边努力,一边质疑自己努力的意义——考了100分,人生又会怎么样呢?但是赚钱不一样。

因为我知道钱能换来什么,我知道那个存款数字意味着更好的生活。也许我是一个现实主义者？

不管怎样，这段日子在我心中确实留下了深刻的烙印。

我找到了人生的意义，这个意义十分简单明白：挣钱使我快乐。

而且，令我痛并快乐着的一件事是：我挣了钱，也舍不得花。

花钱意味着存款数字的减少，存款的减少会让我丧失安全感，我会不舒服。当钱进入我腰包的那一刻，我感受到充实和满足，当钱消失时，我会痛苦。我这是不是就叫守财奴啊？

无论如何，之后的很多年，我都是在为我的存款数字而奋斗，直到赚到千万元。

最后，说回正题，我的外卖店当时还面临两个需要解决的问题：

第一，我发现外卖平台上有越来越多的水果店在参与竞争，对我来说，这不是个好现象。

第二，我店铺的差评越来越多，逐渐开始影响我的生意。

接下来，我就要着手解决这两个问题。

26　竞争对手是你最好的老师

我有一个外卖平台的小号，偶尔会用小号去翻看其他外卖店是怎么经营的。

餐饮业态的竞争是残酷的，大家都是直接短兵相接。海底捞选择在哪开店，那里的小火锅店就会面临灭顶之灾。

外卖平台的出现，更是加剧了餐饮业的竞争。

比如买水果，以前你有八成的水果是在小区门口的水果摊买的，另外两成是去超市顺便采购的。你不太可能只为便宜5角钱跑到1公里外的水果摊买水果。换句话说，小区门口的水果摊虽然不起眼，但对小区业主来说也是半垄断的状态。

外卖平台的出现改变了这一切。外卖平台把用户周围5公里的水果摊放到了一起比较。用户一下多出了 N 种选择，附近10个小区门口的水果摊，从原本的互不相关变成了现在的直接竞争。太残酷了。

刚开始开店不久，我统计了我周边的水果外卖业态，除了我以外，还有4家水果类目的商家，其中3家是街边的水果生鲜店，另外一家是普通水果摊。按照销量计算，我的店铺排名是倒数第二名。销量最差的一个水果店，很明显没有认真经营外卖生意。而他们一天只开几个小时的外卖平台，还经常不接单。

我偶尔会用小号在其他水果店下单，品尝他们的水果，感受他们的服务态度。有两家水果店采用的是平台配送，另外一家是自己的店员配送。那3家水果店都没有果切，只卖整果，新鲜程度都差不多。味道和口感上也并没有引人注目的地方，经常会有坏果。价格方面，我的整果售价会比他们的略高，但是在我主打果切业务以后，我和他们的价格就不具备可比性了。

但是我知道，他们也会观察竞争对手，他们早晚会意识到，果切是更先进的水果类外卖品。我认为他们早晚会做果切的。

所以，我很慌！除了线上调查竞争对手外，我还线下去实地考察了他们的店面。销量最大的一家水果店是附近规模最大的一个水果超市，我们学校的学生经常在那里消费。看到这家店的规模时，我就知道自己不太可能竞争得过这种大店，他们每个月给店员发的工资就比我的月流水多呀！

但是，后来我做了投资才懂，店大不一定就活得长，高昂的成本让大店在遇到经营困难时往往更难翻身。实际上，没过几年，这家店就倒闭了。大店背后的股东很多，每个人真正分到手的钱，其实还不一定有我这个小老板挣得多。

第二家店是个夫妻小超市，什么都卖，只不过当时外卖平台还不允许超市业态存在，所以他们在线上只卖水果。

第三家店是一个临街的水果摊，他们不是个摊位，而是临街盖的一个小屋子，我进去看了看，屋子里有电视、冰箱、小床，看起来他们每天晚上就住在这里。我琢磨了半天，这大概就是"违章建筑"吧？

在暗访竞争对手时，我从他们那里学习到了很多东西。

在拜访竞争对手时，我是以买水果的顾客的身份进店的，他们不知道我是在考察，所以给我分享了很多他们的生意秘密。

首先，我问出了他们的进货渠道是北京最大的一个水果交易市场，市场里面几个大的摊位每天都会在凌晨发货，早晨8点时，货车就将当天最新鲜的水果送到了北京各个超市、生鲜水果店门口。

如果我也从这里进货，我的水果价格能做到比水果生鲜店还要低，只不过我现在的进货量不够大，运费不划算。但是，能知道竞争对手的成本，我也很满意了。

那个水果摊，我确认了是一处违章建筑。坦白说，我一度非常犹豫，要不要去举报他们。

关于如何处理与竞争对手的关系，我给大家分享一些我这几年的成长心得。

餐饮行业很残酷，短兵相接，你倒闭了，你的客户就都归我了。当年的我，犹豫了很久，最后还是没有举报，一是因为我胆子小，二是觉得举报了也不一定有用处。

后来，随着阅历的增加，我知道了，在商业竞争中，举报已经算善良了。

举报的前提，是竞争对手确实违规了，违规竞争当然要受到惩罚。利用违章建筑经营，不仅让他获得了不正当的低房租优势，也对城市公共区域造成了负面影响。良性竞争，本身就意味着互相监督，有竞争对手监督，才能确保双方都在合法合规的前提下经营。

商业世界竞争是很激烈的，但是我愿意选择一条双赢甚至多赢的商道，哪怕会赚得少一点。

我愿意把同行敬为老师，而不是对手。我愿意向所有同行学习。

有话好好说，和气生财。

钱是赚不完的，健康地活着最重要。

27　差评意味着你有巨大的进步空间

如何对待差评？

最开始，我恐惧差评。差评意味着指责和谩骂。我刚开始做这个外卖店时，真的非常恐惧差评，有差评了我就故意不看。幸亏早期的外卖平台非常宽容，对差评多的店没有太过苛责的处罚。

但是随着外卖平台运营机制的成熟，差评的权重越来越高了。如果换到 2021 年，我胆敢放着那么多差评不管，大概早就被封店了。

我的店铺好评率过低，已经开始影响我的生意。比如有顾客会这样评论：看这家店评价很差，但试着点了一次，果然很差，以后再也不手贱了！

有一天，饿了么的 BD 联系我，说如果再不处理差评问题，店铺就要被降权了。这就相当于是官方警告了，我不得不开始面对差评。

处理差评，首先是要过心理关，要能接受批评。

看着这些顾客的评价，夹杂着抱怨、愤怒，有的甚至是"污蔑"，心里真是不好受。我总结了一下，差评主要分两类：一类是因为水果不新鲜或分量不足，另一类是因为配送过慢。

有的水果不新鲜是事实。水果的运输损耗率非常高，我在美菜 APP 采购的水果，有时能有 20% 破损，但由于我比较懒，经常懒得跟人家计较，老板总是说给一个折扣价格，我就把货收了。我自己在买水果时，碰到坏果也懒得计较，所以作为水果行业新手，我以为顾客也不会太介意。

事实证明我错了。有的顾客非常较真，一斤草莓有一个坏的都要投诉。

解决这个问题也很简单，那就是提高成本，把看起来不太好的水果扔掉，只卖好水果。当年我是被差评逼着提高了成本，但是如果放到现在，哪怕没有差评机制，我也会自觉地去提供更好的产品，保证水果的质量。

道理很简单，餐饮业盈利的核心是重复购买率。

那么具体怎么处理呢？

我印象最深的一个差评是一位老客户给的。这个老客户每周都会买水果，总消费额应该上千元了。有一天，她给我留了一个差评，写了将近一百字，大概的意思就是：经常来我店里消费，但是近期买到的水果质量越来越差，这次买到的樱桃完全都是酸的，以后不会再来买了。

这个差评对我的触动非常大。我本身对留差评的人并无好感，讲实话，我认为绝大多数人投诉都是找碴，绝大多数差评都是在抱怨。但这条例外，因为这个顾客是真金白银支持了我这么久，现在却留下一个上百字的差评批评我，我能想象到她的愤怒，我能理解她的因爱生恨。

更重要的是，从经济利益上讲，她几个月的时间就在我这消费近千元，如果我做得好，她本来可以继续在我这里消费几千元的。对我来说，我要做的，只是提供一些更好的水果而已。

所以，这次我鼓起勇气给这位顾客打了电话。接电话的是位中年女子，听声音很干练。我说我是店长，很抱歉给您带来了不好的体验，我卖水果的时间不久，经常没办法分辨水果的质量好坏，给您发了不好的货，真的很对不起。您这次下的订单，我会把金额原数退还给您，并重新免费再给您发一次一模一样的产品。您看愿不愿意再给我一次机会？

我的处理方法很简单，顾客不满意，生气了，一般的解决方案就是退款，或者再送一份。但是这样的处理方案是顾客可以预见到的，其他商家都会这么做。如果我也这么做，那我的道歉行为就是在顾客预料之中，没什么新鲜的。

所以，我选择的做法就是突破顾客的预期，我既退款，还送产品。实际上，我在第二次配送时，还有一个惊喜上的惊喜：我额外赠送了一个木瓜。这样的态度，几乎可以100%获得顾客的原谅。态度有了，赔偿礼也到位，顾客没有不原谅的道理。

当然，我这么做，心里也是有小账本的。因为我知道这个顾客消费了近千元，而且以后很有可能继续给我带来上千元的消费额。所以，我即便赠送100元钱的水果，综合来看也是划算的。如果是一个新顾客，我可能就不会这么做了。

之后的很长时间，这位顾客都一直在我店里消费，为我持续贡献了5000元左右的收益。

这就是重复购买率的力量。

28 私域流量是什么"垃圾"

谈个题外话,聊聊私域流量。

在处理顾客差评时,有一个问题,当时的外卖平台的退款机制不完善,不支持部分退款。所以在退款时,就必须添加顾客的微信给顾客转账,因此,我的微信上慢慢增加了十几个老顾客。我很少发朋友圈,所以老顾客并不知道我还在读书,都以为我就是一个水果店主。

后来,突然有一天,一名顾客在微信上跟我说,希望可以在微信直接下单。因为她白天要上班,晚上回家想吃水果,所以想先把订单下好。我满口答应下来,也没太把这件事放在心上。后来,这种事情越来越频繁,有的顾客直接在微信给我转账下单,有的直接微信语音跟我说想吃什么水果,问我要多少钱。

这个其实就是"私域流量"呀,只不过在2013年,还没有"私域"这个概念。

当时的我,对此的认知有很大的局限性,或者说绝大多数人都是认知有限的,我们看不到一件事情背后蕴含的商机,没有人在当时意识到(也许微商除外)微信成交背后有着天然的信任感。

当时我的想法是:顾客为什么总要在微信上下单?太烦人了!我为什么

会这么想呢？我来解释一下：

第一，我觉得顾客在微信上跟我说话是一种骚扰，影响了我的正常生活。

第二，如果这单服务不好，那顾客岂不是可以直接在微信上骂我了？

第三，如果顾客在外卖平台下单，有助于提升我外卖平台的店铺销量，销量高了，排名就高了。

所以，有时顾客想在微信下单时，我都会说：建议您去外卖平台下单，服务更有保障哦！

你说傻不傻？现在大家都在想尽办法让私域流量倒流，当年我们的做法却正相反。这就是认知的局限！

相同的一件事，人们以前与现在的看法可能截然不同。而谁掌握了正确的认知，谁就掌握了财富的密码。

在 2013 年能看到私域流量的商业价值的人，一定会发财！可惜当年的我没有这种眼光。很痛心呀，我不知道因此而少赚了多少钱。

▶29　外卖生意，稳了

在对营销、获客、产品、售后等一系列问题都有了完善解决方案以后，前前后后经历了半年时间的折腾，终于，我的外卖生意稳了。稳了，就是说在一段时期内，我没有再遇到更大的困难；稳了，就是说每天只要我开始接单，就会有源源不断的订单进来，我就有钱收。

水果的外卖客单价50元，我每天平均有30～50份订单，一天的营业额在2000元左右，如果加上微信上的订单，一个月有5万～10万元的流水。我的定价基本参照原料成本的3～5倍来定，然后经过满减优惠、免配送费等优惠活动，最终利润率在50%左右。再扣掉房租，我每月可以净赚2万～5万元。

现在回忆，我当时之所以可以用半年时间就做到这个程度，主要就是撞上了风口。当时，周边居民如果打开外卖平台，寻找水果店，跟半年前我的店铺在周边店铺中排名倒数第二不一样了，我的店铺肯定排在第一名或者第二名的位置，偶尔我还能上一上首页。其他几个竞争对手几乎都没太重视外卖平台，他们要不就是不处理差评，要不就是发货速度很慢。

其实这真的不怪他们，因为在大城市卖水果的商人基本都是农民出身，学历不高，当年别说外卖平台了，他们连微信都不会用。

等到2015年前后，移动互联网全面普及，家家户户用上二维码和外卖平台了，我的店却已经趁着早期积累的口碑和订单量，成了本区域销量最高、口碑最好的水果外卖店。

先发优势一旦形成就很难超越。更何况，我研究出了做"果切"的秘诀，既丰富了客户吃水果的多样性，又提高了自己的利润率，一箭双雕。

我搭建的兼职群，里面有30～40个兼职人员，我一般会优先在外卖平台呼叫外卖员，如果没有人响应，就会在群里喊，通常很快就会有人接单。有一些相处得不错的兼职人员，我还会给一些零工的费用，让他过来帮我备餐。

在未来很长的一段时间里，这个外卖店就是我的主要收入来源。

而我也从来没有想到过，短短半年时间，我，一个刚上研究生一年级的学生，成了一个外卖店主。而我的收入，已经远远超过了大城市白领的平均收入。

唯一一个让我不爽的就是某平台，一开始是管理人员疯狂给我下架，后来好不容易上架了，又是疯狂降权、扣分。我不知道我做错了什么。长期以来，该平台在我的销售额占比中始终不超过10%，我却在上面浪费了大量的精力。

之后实在忍受不了这种折腾，我放弃了这个平台。

外卖生意稳了之后，下一步做什么呢？

开分店！

30 雄心勃勃，筹备开分店

外卖生意终于步入正轨，但是我并没有打算安分下来。虽然当时的我对商业还一窍不通，但我至少明白一个道理：我一个水果店只能做周围5公里的生意，那如果我想赚更多的钱，就要开更多的店。所以，从那时开始，我就一直在研究如何开分店。

可是开店，真的没有我想象的那么容易。

想做好一家餐厅，最重要的因素是"做得好吃"。如果你还质疑这一点，还在说环境、服务、菜品都很重要呀！那说明你对餐厅经营一窍不通。

问题是，做好100家餐厅，最重要的因素是什么？除了好吃外，你还要做到"标准化"，即要做到100家餐厅的东西一样好吃。

麦当劳等西式快餐，通过机器取代人工的方式，将产品做到了标准化。绿茶等杭帮菜，通过中央厨房模式将产品做到了标准化。火锅店，核心产品是料包+冻品，本身就非常容易标准化，占据了优势。

这些都是成功标准化的典范。

但是，你以为只做到产品标准化就够了吗？

我认为，更重要的是人才的标准化。准确地说，是店长的标准化。

煮同样一碗面，用同样的原料，遵循同样的流程。你亲自煮，和你的店员来煮，味道就是不一样，因为你用心了，而他不在乎。就这么简单。

你开了分店，让你新培养的店长去管，你如何让他做到"在乎"，做到"用心"？

普通人的思维是：这是你的生意，又不是我的，我就是来拿工资的。即便你给我分成，我也不在乎，我就喜欢做咸鱼。我要是想用心经营店，我为什么不自己开店呢？你说是吗？

99%的人都不懂海底捞。

一般人以为海底捞的核心竞争力是服务，其实海底捞真正的核心竞争力是人才产出机制。他们能培养出1000个全心全意为海底捞着想，将门店生意

零成本创业
——从0到1000万的创业解决方案

当成自己家生意一样的店长。

当然了,这是我通过多年经商和研究投资才悟出来的心得,当年的我全然不懂这些。

当时我只知道一点:想开分店,首先要招人!

于是,我雄心勃勃地开始了招聘员工的计划。

31　外卖店完结篇

想开新店，首先就要有人手。

每天 50 单的订单量其实非常大，我一个人已经有点忙不过来了，所以我经常会找兼职群里的兄弟来帮忙。果切本身很简单，完全不需要刀工，任何一个人都可以做。有几个我经常合作的小伙子，我非常看好，打算把他们吸纳成我的全职职工或者合伙人，为以后开分店打基础。

所以，我开始更加频繁地雇用他们，有的时候即便不忙，我也会让他们过来工作，我自己看电视，为的就是考察他们的工作能力（其实也是我想偷懒）。我给的价格是 10 元 / 小时。我们的工作强度不大，大家年龄接近，也聊得来。

其中 3 个人经常来。第 1 个是李姐。李姐三十多岁，之前在一个餐馆里做过服务员，辞职后就打打零工、做做保洁什么的，经别人推荐进了我的兼职群，是群里唯一的一位女性，所以我最早是让她来帮忙切水果的。第 2 个是小建，他当时是一个第三方配送平台的配送员，工作时间自由，家住附近。第 3 个是小强，小强最早在饭店打过零工，之后去了附近便利店上夜班，白天就来我这里兼职。

这 3 个人我都合作了 2 个月以上，算是比较信任的。

我觉得，找人最重要的品质真的不是聪明机灵，而是靠谱。你不在的时候，能放心地把事情交给他干，他能尽职尽责，就已经是很好的合作伙伴了。

有了兼职的人以后，我即便去上课，也可以放心地让他们来切水果，我只要负责接单和发货就可以了。让他们单独在我租的屋子里面活动，这是需要一定信任基础的。

通过一段时间的考察，我从这三个人里筛选出了一个我未来的长期合作伙伴，后来他与我共同度过了许多年的外卖时光。有了他的帮助，我才能在经营外卖店的同时，上学、工作，兼职做其他生意。而他，一个一穷二白的北漂打工仔，也通过我的外卖店，在几年的时间里，攒够了回老家买房的钱。

这段经历以后我慢慢讲。

截至目前，由于我开始让兼职人员长期驻扎在我这里，所以我腾出了大量的时间可以去上课，去玩。

外卖店的生意已经步入正轨，没有什么阻力了。之后的一段时间，外卖店的生意都平稳且发展顺利，没什么可写的，"外卖篇"也就告一段落了。

32 谈谈几个我当年失败的生意

在外卖生意平稳的同时，我每天也有了大量空闲时间。

由于我还没有稳定的合伙人，暂时没有开分店的条件，所以闲下来的时间，我就又开始琢磨其他生意。

当时很流行做 APP，听说有个小伙子做了一个日历 APP，下载量上百万，每个月广告收入十几万元。

于是我就上网找做 APP 的教程，自己照猫画虎地钻研了一个月，每天通宵到凌晨去写代码，试图做一个美女图片类 APP。最后感觉自己的智力水平不太够，APP 在调试时总是出现各种错误，根本没办法正常使用，最终我放弃了。

之后，我又写了一个公众号，讲财经、商业类的分析文章。当时对于怎么涨粉没有什么概念，自己的知识积累也不够，写了一个月，没有什么效果，也放弃了。

我上学时喜欢弹吉他，从小学到大学弹了十多年，水平算不错，但是弹吉他不挣钱呀。我就想到，我可以在网上招学生，通过教别人弹吉他挣钱。当时我在豆瓣网上发了几个招学生的帖子，虽然有人咨询，可是最后没有人付费，最终我遗憾地放弃了。

现在回想起我当时尝试的这些生意，心中难免会有遗憾。如果让我重新再把这些生意做一遍，我有八成把握能做到盈利，比如公众号，现在我就写得风生水起。

其实，做生意的乐趣也在这里。我能明确地感知我做生意的技巧和商业知识在提高，这比赚钱更让我开心。

当然，我也在反思，这些年我换了这么多项目，到底是不是好事？大家都说要坚持、要执着、要死磕，可是我却总是忍不住想去尝试新的项目。

外卖生意，我做了不到1年，就把它委托给了我的合伙人，自己又去搞其他项目。所以这个生意一直就维持在每月5万～10万元营业额，没有再增长。

这样反复换项目到底是不是好事？

我认为，反复换项目肯定不好，但这是创业的必经之路。因为，一个值得坚持一生的项目，我认为至少要满足两个条件：一是你热爱它，二是它足够赚钱。这有点像找终身伴侣，不仅你们精神上要契合、要相爱，物质上也要匹配才行。

我这些年尝试的项目不下50个，要不就是赚钱但我不喜欢，要不就是喜欢但不赚钱。

直到我现在做创业社群，才碰到一个既赚钱我又喜欢的项目，到目前为止，这个项目我已经做了3年，不出意外的话，应该会做一辈子。

所以，谁都想初恋就能结婚，但真正初恋就结婚的人是幸运的极少数。绝大多数的我们，总是要寻寻觅觅很久，才能找到那个愿意奋斗一生的项目。

33 外卖店铺代运营生意

在我尝试各式各样的项目中,有一个超级暴利的项目,在很短的时间里就为我带来了巨额收入。

这个生意就是:外卖店铺代运营。

当年,多数做外卖生意的老板都是传统的餐饮商家,他们在饿了么、美团平台 BD 的鼓动下开通了外卖账号,但他们完全不懂如何经营外卖生意。

就好像经营实体店女装和在淘宝卖女装一样,虽然卖的都是女装,但它本质上是两个生意。

传统餐饮老板几乎没有懂互联网的,这就给我带来了商机。

因为,我是外卖店主里最懂互联网的,大学生里最懂外卖生意的。

我自己运营了接近 1 年的外卖店,我知道如何做数据分析,如何做出好看的头图,如何设置满减最有诱惑力,如何有效提升店铺的排名,如何吸引顾客二次消费,怎么发优惠券最合理。

而外卖店老板,绝大多数还处在"这玩意儿怎么接单"的阶段。

于是,经过一番研究和商业模式设计,我决定测试一下外卖店铺代运营生意。

我在外卖平台上联系了 50 个外卖店主,直接打电话过去问:您好,您需要外卖店铺代运营吗？

差不多有 30 个人听完以后直接说"不需要"就挂断了，剩下的 20 人里，有 10 个左右是店里工作人员接的电话，他们回答说问一下老板稍后给我回复，剩下的 10 个老板都咨询了我，具体是怎么操作、价格多少。

相当于有 20% 的外卖老板对我的服务是有兴趣的，甚至有老板直接说加个好友，要给我转账。如果你做过销售工作，应该明白这是一个多么恐怖的数据。

在我尝试了那么多的失败生意后，这是第一个让我觉得有大商机的生意。

我上大学时做过教育培训的兼职电话销售员，一天要给 200 个家长打电话，绝大多数家长都是直接挂断，还有的家长听到是广告推销后直接开骂。

我觉得这个生意最妙的地方，是打销售电话的时候，老板都是客客气气的，绝大多数老板都会听我讲话。因为他们往往以为是点餐的客户来电，所以态度都是客客气气的。这就给我的有效销售创造了绝佳的条件。

客户不缺了，那怎么解决服务问题呢？说白了，怎么去做店铺代运营呢？

由于其中涉及了过多的技术细节，有些细节并不太方便对外透露，这里就不做过多阐述了。如果想了解更多的细节，可以去看我的微信公众号"彭楠的创业故事"。

经过简单的技术测试和市场调研，我对外卖店铺代运营生意的看法是：它将改变我的人生。

实际上，当我测试完市场反馈后，我有一个星期的时间晚上都睡不着觉。

因为这个生意太大了！我太兴奋了！

想一想，淘宝代运营的市场规模有多大？年入千万甚至过亿的代运营公司不在少数！

现在已经有很多淘宝代运营公司上市了。而外卖，作为一个新兴市场，还处在野蛮生长阶段，市面上并没有什么已知的外卖代运营机构。这是一个天赐的机会啊！

而且我知道，店铺代运营生意的重复购买率是非常高的，只要外卖店主使用了一次我们的服务，不出意外的话以后会一直用。

想通了这些之后，我立刻着手行动。

首先，我通过爬虫技术下载了全网100万个外卖店的联系方式。我对未来做了很细致的规划，需要多少个运营人员，多少个电话销售人员，都有完整的流程图。不用质疑这些数据的真实性，这100万个电话，现在还保存在我的计算机里。

我强制要求自己每天打50个销售电话，平均每天能收到10个左右的意向客户。对于每个意向客户，我都会帮他免费服务3天，让他感受一下效果。

不是我吹牛，效果真的很明显。尤其是对于刚刚上线的新店，只要我接手，当天交易额立刻就会有显著提升。第一个星期，我就收到了1000元服务费。

不到一个月的时间，我就忙不过来了，每天能收到几百甚至上千元，而我的成本是0。

最大的问题，就是这个生意太枯燥了。我每天打开电脑，一边编辑店铺，一边打销售电话，一坐就是一天。但是很快，即便我干一天，业务也做不完了。

我新配置了一台电脑,从兼职群里招来年轻小伙子帮我操作。

我写了一份长长的规划,列出了未来的计划,我梦想着这是一个市场规模超级大的生意,而我将成为这个生意的"龙头老大"。我会有一栋办公楼,有上百名员工,有运营部门、销售部门。

当年的外卖市场规模是 3700 亿元,而我的外卖代运营只要占据其中的 5‰,也就是近 20 亿元。

一颗商界冉冉升起的新星!

这个生意确实没有让我失望。它到底有多暴利呢?第一个月,我就收到了 1 万元。第二个月,我的进账是 10 万元,是的,是 10 万元,连我自己都没想到。而且我的成本极低,除了配置了一些设备外,就是 1 天不到 500 元的人员工资。

更有意思的是,这个生意打开了我的认知。

以前我以为我的主要客户是那些小商家、新商户,为了提升店铺业绩才来购买代运营服务的。万万没想到，我的收入大头反而是大店，比如海鲜大酒楼，甚至有些知名品牌。

举两个例子。一个广州的餐厅，一次购买了5000元的包月服务。过了1个月，另外一个广州餐厅的店长主动加到我，说隔壁那个餐厅买多少，他就买双倍！后来我才知道，这两家餐厅幕后是一个大老板，大老板对店长有考核，谁的外卖业绩好，就会有奖励。所以，两家餐厅是竞争关系，竞争的结果，就是我作为一个外卖代运营服务商，渔翁得利！

还有好几个大品牌，就是全国人民都听过名字的那些大型连锁餐饮品牌，都有店长陆续来我这里购买服务，而且出手非常大方！反倒是小店，由于老板资金有限，也不太懂互联网，销售即谈单子比较困难。

到第三个月，我已经招了5名兼职。我的外卖出租屋已经装不下这么多人，对于一个普通民宅来说，每天好几个大老爷们进进出出也容易引起邻居的质疑。所以，第三个月，我租了一个附近的商住两用办公室，将我的外卖生意和店铺代运营生意隔离开。

当时，我的外卖生意已经有合伙人帮我运营，我可以把大部分精力放在店铺代运营生意上。

我的计划是把这个生意正规化，公司化运营，一年内把员工扩张到30人。

有一个在我这里兼职的运营人员，叫他阿列吧，他向我表达了自己想做销售的愿望，我也觉得这个人比较机灵，所以把他放到销售的岗位，跟我一起打电话。

我学习了大量的电话销售技巧，以及电话销售公司是如何管理销售人员的知识，为以后生意的扩大做准备。

之前我已经提到，我下载了将近100万个外卖店铺的联系方式。如果

1个销售1天打200个电话,我雇用10个销售,一天也只能联系2000个客户,这些电话要1年多才打得完。而且当时全国每天都会新增几千个外卖店,市场根本吃不完。

对我来说,这个生意简直就是在用手捡钱,我只愁自己的手不够用啊!

到了第四个月,我的收入已经接近20万元。对,每月收入20万元。

然而,困难也接踵而至。

34　疯狂扩张，组建10人运营团队

我被骗了几万元钱。

当时我着急租房，想找一个商住两用的办公楼。但是租办公室和租民宅不一样，租办公室没有大中介和可靠的品牌。即便是小中介，我也没有问到有合适的办公室出租。

大的办公室有写字楼自营的租赁部门，可是我租不起，我租的商住两用型写字楼，只有小中介能够提供服务。

于是，我在某网站上找了一个号称是房东直租的房子，看好房子后，给他转了6个月房租和1个月押金。

我刚搬进去不久，真正的房东却找上门来，说这个房子是他的。之前那位是二房东，由于经营不善，公司倒闭了，房租还没到期，所以他说帮房东把房子转出去。没想到房子转给我以后，这个二房东却私吞了我的房租钱跑路了。我不仅损失了几万元钱，而且浪费了大量的时间搬家、扯皮，心情也极差。

不过有意思的是，由于我当时的收入增长非常快，这几万元的损失给我带来的痛苦，远远不如我做格子铺生意时赔掉的那几千元大。

除了被骗钱之外，我的收入也明显到达了一个瓶颈。并不是我挣不到更

零成本创业
——从0到1000万的创业解决方案

多的钱了,而是钱太多,我捡不过来了!我的收入达到了极限。

我招不到更多的兼职人员,现有的兼职人员也并不稳定,我自己光每天管理兼职人员就已经累到崩溃。以前从来没有接触过管理,开始管理才知道,哪怕是像点点鼠标这样简单的工作,都有很多人做不好,真让人崩溃。

我意识到,我需要的是人才。

我从两方面开始招募人手:

首先,我找来了一个我的中学同学,他在一个网店代运营公司上班,在代运营方面有一定的经验,但是他也只是月薪5000元的小职员。我说服他加入了我的生意,我做董事长,他做CEO,他负责具体执行。

接下来,我在招聘网站招募了大批全职和兼职人员,组建了一个10人的运营团队,由我的合伙人负责管理,我本人主要负责制定人员工资、每天的工作量等方向性问题。

同时,我组建了几个QQ群,用QQ群来招募兼职运营人员,并设计了一套完整的兼职利润分配制度。

我用一个月左右的时间就完成了人员的招募和分配工作。

我每个月的收入能达到20万元,每天都在新增员工。当时的我,觉得自己就是商界一颗冉冉升起的新星,我开始考虑注册公司,融资,5年后上市。

但是,隐患在这个时候已经埋下了。

35 招聘是老板要具备的基础技能

这节分享一下我是怎么招聘人员的。

当时,市面上主流的招聘网站有3家,我都注册了会员。其中有一个网站可以以个人名义发招聘帖子,我花了将近5000元办理了一个会员。其他两个网站都必须有企业资质才可以招聘。通过发大量的招聘信息的方式,我每天都能邀请到10个人来我的办公室面试,我每天把大把的时间都花在面试、筛选上。

我很快就发现,如果我招聘全职员工,他会非常关心社保问题和公司发展问题。我当时很难跟面试者解释清楚将来的发展情况。所以,干脆就只招兼职员工,工资日结。为了找到能够接受我们工作条件的人,我还必须加大招聘量,最多的一天我面试了30个人。

当年我毕竟只是一个学生,没什么社会经验,对识人、用人都没有概念,但我也懂得一个道理:作为老板,一定要多面试。面试量足够大,慢慢地你就能识别出不靠谱的面试者。

那两三个月,我面试的人数少说也有500人,通过大量的面试,我对来参加面试的人慢慢有了感觉,知道他说的话背后是什么意思,他哪句话在撒谎,他能力如何,他关心什么。而且,我从面试者那里经常能听到一些有意思的经历，有的面试者会分享他之前在公司的经历，我可以借此机会了解到其他公司的商业模式，他们是如何运作的，他们的奖金、工资是如何分配的，他们是如何带团队的。这些经验，我通过面试，一点一滴地接触到了。

最后，作为小老板，这里也给不谙世事的大学生一些建议。

我在招聘网站发帖时，经常见到有的公司招聘兼职给出了一天300～500元的价格，而我们公司一天只能给100～150元。我实在想不通他们做什么兼职可以一天赚500元。

后来跟面试者聊天才知道，在招聘网站上有一些骗子公司，用高薪引诱你去面试，然后向你收取面试费、资料费、服装费、培训费等，面试结束后就让你回去等通知，实际上就是在赚你的钱。这样的骗局非常古老，但是效果很好，即便到了2021年，仍然有人会被骗。

招聘网站作为一个撮合应聘者和招聘者信息的中介，很难识别这样的骗局。尤其是当平台上充斥着大量日结300元的兼职的时候，像我们这样正经招兼职的公司报出的日结150元的价格就非常没有诱惑力了。

自从我租了办公室以后，发生了各种各样的意外事件，被二房东骗，手机被面试者偷，后来还碰到快递员砸门、保洁大妈偷电脑、中介公司上门骚扰等。我想，这就是一个人真正开始与社会接触时需要付出的代价。

在象牙塔里的学生，是感受不到这些的。

36 账号也是最重要的资产

我前前后后面试了超过 500 人,招聘了 70~80 名兼职人员,其中多数人过来干了一两天就因为各种原因自己走了。还有一半的人是我主动淘汰的,他们当中,有的人实在是教不会;有的人只要你不盯着他,他就不干活,严重缺乏工作的积极性。真正开始招聘,我才明白,招聘人员太难了。作为老板,我当时能招聘到一个稍微有点责任心的人就已经不容易了。

最多的时候我们办公室里有接近 20 个人,走的走、留的留,最后稳定下来的大约 10 个人。其中多数人都是做运营,特别优秀的人我会把他转成销售岗。每天早晨,我的合伙人会给他们开早会,分配一天的工作。

工作之余大家也会在一起聚餐、喝酒、聊天。看起来人员稳定了,我们的业务也可以更上一层楼了。

但是,在表面的平静下是涌动的危险。风险爆发,是从账号开始的。

在我这些年的互联网生意中,账号也是最重要的资产,像我们的生命一样重要。对自媒体来说,一个账号能养活一个公司。所以,只要稍有经验的自媒体人,对待账号问题都是慎之又慎,小心、小心、再小心。

最早,平台并不反对用户注册多个账号,甚至是默许用户使用多个账户的,因为平台的注册用户越多,使用频率越高,平台方的数据就越好看。但是，随着平台慢慢发展，多账号的行为逐渐开始被打击。

遗憾的是，当年的我不懂这些。

当时我们手里有数千个外卖平台账号，每天都有几个账号被封禁，一开始我还挺警惕的，但是被封多了，也就习惯了，觉得没什么大不了的。实际上，在账号管理方面，我自认为做得还算是认真的。

我有一个超级大的 excel 表格，详细记录着我的所有账号，每个账号都登记着购买来源，购买的时间，登录的设备，账号和密码设置都是不同的。账号越老越安全，注册账号的手机号来源越正规，账号越安全。一个设备最好只登录一个账号，这些基本常识我都是知道的。同时，我给每个运营人员分配的账号都是不一样的，他们互相之间也无法查看其他人的账号，这样即便一个员工因操作失误导致账号被封，也不会波及其他人的账号安全。

我还有一个更重要的原则，就是坚决不薅平台羊毛。

当时外卖平台竞争激烈，3 个平台对新注册账号都有巨额补贴，新注册一个账号，点外卖的价格夸张到几乎免费。所以也就有一大批人专门去注册新账号帮人点外卖，点完一单后就把账号废掉。这个玩法叫作"撸首单"，我的原则就是坚决不撸首单，我坚信：只要我不薅平台的羊毛，不给平台带来伤害，那么我就是安全的。

但是，由于有撸首单的人存在，导致外卖平台的账号价格水涨船高。一开始 1 元钱能买 10 个账号，过了两个月 1 元钱只能买到 1 个账号，再过两个月，10 元钱才能买到 1 个账号了。

外卖账号的价格在不到半年的时间里翻了 100 倍。当然，如果你不做这个生意，你根本不会知道这个事。

很有意思的一点是，外卖平台账号涨到 20 元左右的时候就不再上涨了。

你知道为什么吗？

因为当时外卖平台撸首单的补贴平均价就是 20 元。也就是说，一个账号的价格刚好把首单补贴金额抵消了。平台没有操纵这个事，撸首单的商人也没有控制这个价格，是市场上无数经济人的个体行为，共同决定了这个价格。

这就是市场经济的力量，神奇吧？

20 元的账号价格，刚好让撸首单的人无利可图。但是 20 元一个账号的成本，我仍然承担得起。

可是，我即将面对的是平台更严格的管理。

37 "帝国"还没建起来就崩盘了

本来我还以为自己的账号管理非常专业，毫无漏洞。

我完全不知道，自己有多幼稚。

一开始，我会把每个账号都登记进一张表格里，每天统计账号的运营情况，做了多少单，分别在哪个城市，等等。

后来，由于账号有好几千个，我实在是维护不过来，所以就将账号分类，分配给了运营人员，要求运营人员每天工作结束之后更新一遍表格，把自己管理的账号状态更新一遍。

可是总是有员工不负责任，经常偷懒，有漏掉更新的，有更新的数据不准确的，有的干脆就忘记更新。一开始我每天都会检查表格，然后遇到更新不准确的我就会批评，好几次还直接开骂了。我反复跟员工和合伙人强调这个表格的维护非常重要。

但是，我平时要上课，还要管理我的外卖店，精力有限，只顾得上检查更重要的环节。像表格的维护和更新，短期来看其实没有作用，哪怕一两个星期不更新，对我们的生意也没有任何影响。时间长了，连我自己也都放弃去检查表格的更新状态了。

一开始我很清楚地知道每天有多少账号被封，有多少账号出现风险提示，随着表格停止更新，我对账号的状态也就失去了控制。

当时的想法是：反正账号被封，再买新的就可以了。

现在想来，疏于管理，就是崩盘的开始。

那一天，我刻骨铭心。

那天学校上午有一节课，我起床后先去上课了，下课以后去出租屋照看外卖生意，检查了一遍水果质量，跟合伙人当面沟通了这两天的运营情况。

下午，我去商务楼那边照顾店铺代运营生意，一般我要待到晚上才回我的出租屋睡觉。

这就是我当时一天的时间分配，实际上我当时已经在考虑把我的水果外卖店关停了，因为跟外卖代运营生意相比，开店生意真是又累又不赚钱。

到了商务楼，我的合伙人跟我说：今天有点奇怪，账号被封的特别多。我没有在意，回答说："咳，没事，封了再买新的。"

我们每天都有账号被封，早就习惯了。

但是我在那坐了两个小时，就感觉到情况不太对。因为短短这点时间，我们有上百个账号被封。这是以前从来没有出现过的情况。

这时有员工说，他那里代运营的店铺没法下单了。

又过了一会儿，有销售说，客户反馈店铺被封了。

我们以前从来没有客户的店被封过。这时我才知道大事不好。很快，我们的销售电话就被打爆了，有大量的客户被封店，联系我们问怎么回事。这时，我慌了，立刻决定暂停所有业务，先全力安抚好客户。

我统计了一下，有十几家客户的店都被关了，而且都是大客户。

然而封号的节奏并没有慢下来，我让员工一个个账号登录去测试，结果是登录一个封一个。

更惨的是，到了晚上，我打开自己的外卖平台，打算点一份外卖吃，这时，我的外卖账号出现了一个以前从来没有出现过的情况：风险提示，要求我输入自己的手机账号和密码，重新登录。这是我自用的外卖账号啊！这时我明白了，大概是我们这个 IP 地址有问题，整体被封杀了。

外卖平台一定是锁定了我们这个 IP 段有大量异常登录，把整个 IP 段都列入异常经营名录了。

我想：这下完蛋了。

38 危机时合伙人的角色

当天晚上回到家，我一个晚上都睡不着。

我当时的第一个念头是：我违法了吗？IP地址被查了，那么位置肯定暴露了。看电影里黑客被抓，都是被查到了IP地址啊！

我检索了很多网络知识，我知道了，我们商务楼用的是公网IP，每一个IP地址都对应一个具体的网线接口，通过我们的IP地址可以直接锁定我所在的办公室。

第二天上班，有一半多的员工没有来。剩下的人，包括我的合伙人，都不知道该怎么处理这种情况，都在问我该怎么办。

我哪知道该怎么办！

但是，我并不打算轻易放弃。我先是安抚愤怒的客户，给服务没完成的客户退款，对于还愿意信任我们的客户，我用为数不多的账号继续为他们服务。

但是账号还在不停地被封。

我联系宽带公司，希望他们能帮我们更换公网地址，可是更换地址要花好几万元钱，并且需要等待至少一个星期的时间。同时，这边又有新的客户店铺被下架。

我当时的感受就两个字：绝望。

又过了一天，我下了一个决定：暂停服务一个星期。客户如果有不满的，我就安排退款。

最后有一半的客户仍然选择信任我们，等待我们解决问题。这一个星期，我穷尽了所有办法，我用自己家的计算机试，用新买的手机试，但是账号仍然在不停地被封。

公司的员工一看公司要黄了，也集体过来管我要钱，领完钱以后头也不回地走光了。

一个星期以后，我仍然没有任何解决办法。

如果说格子铺生意的失败是我经商途中的第一次重大打击。那么这次失败，就是我经历过的最沉重的打击。

由于我拿不出任何解决办法，最后剩下的只有散伙。实际上，后来我才知道，在我被封号的第三天，我的合伙人就已经出去找工作了。

这是迄今为止我经历的最不愉快的一次散伙。我们对如何分钱这件事无法达成一致。

一开始合伙人加入时，要求跟我五五分成。

我当时深表震惊，生意是我想的，前期操盘都是我来做的，成本都是我支出的，你中途加入，也没有太多风险，怎么好意思分五成呢？

我当时就表示了拒绝，但是他还是加入了。我们当时并没有把分钱这个事谈清楚。

另外一个纠缠不清的是销售。销售是按照客户的业绩来分钱的，本来没有问题。但由于解散时面临各种情况的客户退款，就有了扯皮的地方：销售认为他只要开单了就应该算业绩，客户退款的成本应该由我自己来承担。

我当然无法接受，要求销售分成必须扣掉客户退款。我的合伙人也站在了销售一边，要更多的分成。

我也理解，大家出来做事都是为自己。**在生意崩盘之际，你会发现，压倒你的最后一根稻草不是"敌人"，可能恰恰是你曾经最亲密的队友。**

你会明白，当你遇到困难时，你唯一能依靠的只有你自己。

你身边那个与你一起奋战，一起解决技术困难，一起吃夜宵、喝酒、吹牛的兄弟，在遇到真正的困难时，只会一边安慰你，一边偷偷找工作。

怪不得别人，因为每个人都需要生活。

39　赚到100万元的代价

散伙的过程是十分痛苦的,愤怒的客户、现实的员工折磨了我一个月。我不停地沟通、协调。

我甚至万念俱灰,我害怕别人给我打电话,害怕有人敲门。而这些事,我对谁都不能讲。

我换了手机号,换了手机,删除了通信录中的全部好友,把自己锁在家里打游戏。直到一个月后,我才鼓起勇气,恢复了正常的生活。

从开始策划到散伙,店铺运营生意我做了不到一年。这一年却像过了一辈子。

我觉得自己经历得太多了,我发现了商机,迅速执行,大胆想象,遇到问题,解决问题,我觉得自己无所不能,我觉得自己是商业天才,我觉得自己即将改变世界,至少即将改变自己的人生。

我想过退学,想过关掉外卖店,想过暴富之后自己的人生会变成什么样。

然后,我眼看着自己宴宾客,又看着自己楼塌了,就像坐过山车一样,上一秒还是高峰,下一秒就急速下坠。

从高潮到低谷,不过一个星期的时间,"死亡"的来临猝不及防。

这段时间,也是我创业以来刻骨铭心的记忆之一。

那之后，在每一个失眠的夜晚，每一次遇到困难的时候，每一次面对成功得意扬扬的时候，我都会想到那段日子。

我会想：我到底为什么会失败？

有趣的是，随着我的成长，我对自己当初失败的原因，每一年都有新的理解。

一开始，我认为失败的原因是我的管理问题。正是因为我疏于管理，导致了团队在操作账号时漏洞不断，团队犯的错误越来越多，最后导致崩盘。

后来，我认为是因为生意不对，因为我们做的生意后来不被平台允许，所以这个生意崩盘是迟早的事，是生意这个"根"不对了，无论如何弥补也没有用。

再后来，我意识到，是因为我不够热爱自己的项目。我做这个生意只是为了挣钱，我爱钱，但不爱这个项目，导致的结果就是我没有全身心地把自己燃烧进这个项目里，在遇到困难时也很容易就放弃了，没有破釜沉舟、坚持到底的勇气。

现在，我发现，我的失败，纯粹就是经验不足。

这两年我意识到，如果让 2021 年的我穿越回到当年，即便账号全部被封掉，我也会在符合平台规定的范围内继续完成我的生意。**这个生意本来可以不死，只要我的经验够丰富，我的意志够坚强，现在的我再回头去做这个生意，总有办法可以把它做活。**

我还可以更有技巧地安抚团队，稳住客户，让他们团结在我身边，一起应对这个危机。我的失败，源于我缺乏经验，缺乏强大的意志力。

当然了，这个生意我也有成功的地方。

在不到一年的时间里，我赚了 100 万元。即便是最后大出血赔钱的情况下，我的账户里仍然还剩下 100 万元存款。

所以，如果从外人的角度来看，我的痛苦其实是莫名其妙的，谁会在不到一年的时间里赚 100 万元，还觉得自己特别失败呢？

是的，我当然有成功的地方。

首先，**我懂得挖掘隐性需求，隐性需求就是绝大多数人没有发现，甚至客户自己都没有发现，但是你发现了的需求。只有对客户诉求非常敏感的人、资深的业内人士，才能发现这样的需求。**

人要吃饭，所以我们可以开外卖店，这是一个显性需求。但是外卖店主需要店铺代运营服务，这个需求在当时就没有被充分挖掘，然而我很快就想到了。

其次，我有极强的执行力。

发现这个需求后，我立刻着手行动，我在极短的时间内完成了一整套代运营服务流程的制定。而且这些事情还是我在一边上课一边经营外卖店的空隙来做。当我的外卖代运营正式上线后，很快就吸引了大量客户参与，尤其是大客户，他们发现了我能提供代运营服务后，几乎是抱着钱过来购买我的服务，当时是十足的卖方市场。

这些就是我对这个项目的复盘，有成功，更多的是遗憾。这是一次刻骨铭心的成长，一次脱胎换骨的蜕变。

它给我赚来了宝贵的第一桶金，但更宝贵的是它给我带来的心灵之旅。

只不过没想到的是，这次生意过后，我变得消沉了。

40 成为酒吧老板

在消沉了一个月之后，我仍然提不起兴趣探索新的生意，只有水果外卖生意还在继续维持着。两个生意加起来，不知不觉中，我的银行账户里已经有了 7 位数的存款。

有存款后，我却一直顾不上去消费，现在总算是有时间了。

我买了登喜路的皮带、Gucci 的墨镜、Tumi 的包、顶配的外星人电脑、Xboxone 游戏机等。

然后我买了一辆车，日产逍客，落地价 20 万元左右。我每天开着车到处浪。

当时我的外卖生意还算稳定，虽然代运营生意遭到重创，但我相信我只是一个暂时落难的经商天才，我很快就会东山再起。

我以为当时的我已经处在人生的最低谷。谁知道，低谷之后还有深渊。

创业路上，我们只能依靠自己，我们完全自由，是脚踏实地还是投机取巧，是坚持还是放弃，完全取决于自己做何选择。这时，如果选择放纵，那堕落是没有止境的，就如当年的我。

我开始在晚上去五道口和工体喝酒泡吧。其实我倒并没有觉得酒有多好喝，工体有多好玩，我只是想感受一下放纵自己的感觉，就像青少年抽烟是为了耍酷一样。所以去多了也挺没劲的，尤其是工体酒吧门票就要 200 元，

零成本创业
——从0到1000万的创业解决方案

进去开卡座还要几千元的最低消费额，浪了几次之后我就开始心疼钱了。

后来，我换到了学校附近的一个酒吧，这里应该算"清吧"，晚上人不多，常客都是附近的住户，即便在周五晚上也坐不满，看起来就是一直在赔钱的样子。

由于离我的住处很近，所以我当时养成了每晚都过来坐坐的习惯，在这里也交了一些朋友。比如龙哥，四十岁左右，一个老北京人，家住附近，以前是在政府部门工作的，后来离职下海经商，现在主要就是倒腾字画，家里有几套房，有闲又有钱。龙哥是个很坦诚的人，很快我就开始信任他，把自己这两年的经历都给龙哥讲了。龙哥也用他的人生经验帮我解惑，虽然他不懂互联网，但是他说万变不离其宗，生意都是相通的。比如他讲：做生意最重要的是人脉，如果我当时能够找到外卖平台的技术人员，就可以搞定封号的问题。

龙哥自己就是一个很有能量的人，在北京有错综复杂的人际关系网，各个口儿的人都挺熟。我从龙哥那里也了解到了很多体制内的套路，有些玩法让我大开眼界。

除了龙哥，当时常来这个酒吧的还有几个人，基本都是老北京人，年龄三十多岁，我是其中年龄最小的。我很享受这种"圈子"的感觉，尤其是我在其中年龄最小，让我有一种混进了某种高端圈层的感觉。

每次我们晚上凑到一起喝酒侃大山，听着大哥们的传奇经历，我都会感觉，正是我过去两年的努力创业，才换来如今的机会，才能让我和几位"大佬"平起平坐。而我的同学们这个时候还在自习室努力考证呢。这就是差距！

酒吧的老板也会偶尔过来和我们聊天。我们都是常客，跟老板很熟，老板总是说自己这个酒吧经营得不好，想转让，你们几个都是大佬，可以把酒吧收了，以后邀请你们的朋友来，也很有面子。

一开始我们也都迎合着开开玩笑，说的次数多了，没想到我们几个人还真动起了把酒吧收过来的念头。

当时我们一起喝酒的总共5个人，除了龙哥和我之外，另外3个人也都是各个领域的成功人士。龙哥年龄最大，资历最老，在我们这群人里是大哥。我们聊着聊着，没想到就真的考察起了这个酒吧。

这个酒吧有上下两层，总共200平方米不到，月租7.5万元，大概还剩半年租期。环境典雅，桌椅都是实木的，老板说光装修就花了60万元，现在愿意150万元带着半年租期转给我们。

经过反复谈判，老板把价格降到了100万元左右。如果5个人投资的话，平均每个人出20万元左右，对大佬来说，当然不是问题。尤其是像龙哥这样人脉广的人士，自己投资一家酒吧，招待五湖四海的朋友，那是再合适不过的。

对我来说呢，这个生意真的还挺有诱惑力：

第一，作为一个年轻男性，尤其是从小穷到大的年轻男性，还没毕业就成为一家酒吧老板之一，而且这个酒吧就开在自己的学校旁边，这个诱惑实在太大了，这个面子实在太有了。

第二，对我来说，这20万元相当于是买了一张门票，有了这个门票，我可以和几位大哥合作，接触到大哥的人脉，就像龙哥说的"做生意，人脉是最重要的"。

第三，我当时手里有100多万元，投20万元对我来说还好，即便都赔光了，损失我也能承受。更何况，我可是经商天才啊。

于是，反复考虑之后，我决定：投！

41 酒吧生意正式开始

其实我对酒吧经营一窍不通，但是我相信在大佬的带领下，我只要跟着学习就可以了。

酒吧老板说，他们每天的流水有 3000～5000 元，一个月大概十几万元。不过，扣掉酒水成本、工资、房租，那就要亏钱了。

我们在盘这个酒吧的时候，也并没有仔细考虑过盈利问题，或者说，没有人将酒吧盈利当作这个生意的重要因素。所以，真说要把酒吧盘下来了，我们都有点懵，不知道该如何下手。

之后我读了《乌合之众》这本书，其实有点符合我们当时的状态，准确的形容应该叫集体无意识。

如果让我一个人独立思考，我是肯定不会去盘这个酒吧的，因为我不懂经营酒吧生意，完全不知道该怎么让一个持续亏损的酒吧盈利。

当我们 5 个人在酒桌上吹牛的时候，仿佛每个人都有无数种方法可以让这个酒吧挣钱，大家都说自己有关系、有人脉、有成功经验，每个人都在酒桌上吹嘘自己过去做过多大的生意，多么能化腐朽为神奇。

这个时候，酒吧老板走过来，说这个酒吧要不给你们经营吧？我们刚吹了牛，总不能秒怂吧？所以说着说着，让酒吧盈利这件事仿佛就真的不是太大的问题了。**这个情况大概就是吹牛吹得自己都信了。尤其是我们当时是互相吹牛、互相吹捧，谁都不会说一句不行。**

直到我们真的要掏钱盘下酒吧了，才开始正视一个问题：亏损了这么久的酒吧，我们怎么才能让它盈利呢？

中国人喜欢在酒桌上谈生意，大概就是因为酒桌上真的很容易冲动吧。

而对于我来说，更是忘记了之前贫穷的自己是如何渴望一双耐克鞋的，毕竟兜里有粮心中不慌，我满脑子都是要满足自己的虚荣心——我要当酒吧老板！

这个酒吧里有一个打工的兼职女服务员，长得很漂亮，是我们学校的学生。我当时就想：同样是一个学校的学生，你在这里打工，我却是这儿的老板。我牛不牛？崇不崇拜我？

这大概就是为什么中了500万元彩票的人，过几年就会变回穷人的原因吧。

当然，虽然虚荣心作祟，但是该想的办法还是要想。我们当时最重要的一个运营策略，就是把酒吧服务员都换成美女，以此来提升营业额。

我们进行了一个简单的分工，龙哥负责对接政府关系，另外一个李哥负责酒吧的日常运营，我主要负责在学校招募兼职学生来打工。

从筹划盘下酒吧，到真正付款，差不多一个月的时间，我觉得这个决策虽然略显仓促，但是跟着大哥们混，肯定不会出错。

总之，不知不觉之间，酒吧转让就完成了，我们不打算重新装修或变更格局，所以顾客完全看不出，酒吧还是那个酒吧，却已经换了老板。

就这样，酒吧生意正式开始了。

只不过，在这个酒吧生意中，我主要是一名跟随者，我对酒吧经营一窍

零成本创业
——从0到1000万的创业解决方案

不通,但我相信只要跟着大哥们混,这 20 万元的投资当学费也值了。毕竟,我们 5 个人里,有资深律师、有公务员、有企业老板,都是很有实力的啊!

但是在实际开展经营后,我们还是要面临真实的商业问题:到底怎么经营一家酒吧?虽然大家都是大佬,但是毕竟没有人经营过酒吧。

在盘下酒吧之前,龙哥说自己认识很多大酒吧的老板,他已经联络好了其中一个老板,让对方派来一位专业的店长,只不过店长现在还无法到位。所以,我们 5 个人只能干瞪眼,连去哪里进货都不知道。

还好,酒吧原本有一名店长,姓廖,三十多岁。廖店长酒吧管理经验丰富,每天能把大事小事打理得井井有条,不需要我们操心太多,我们也没有告诉廖店长打算换掉他的事情。

于是,在把酒吧盘下来后,我们仍然是白天各自忙各自的事,晚上凑在一起喝酒吹牛,仿佛跟把酒吧盘下来之前没有什么变化。

酒吧的钥匙我们人手一把,所有经营文件都在酒吧楼上的小办公室里,廖店长会把每天的营业数据发在我们共同在的微信群里，我们每天一起看看，讨论一下，然后大家给一些具体的建议让店长去执行。

不过，这些建议大多不具备实操性，有的建议更是相互矛盾。比如，有的老板说高峰时期应该加几名兼职服务员，有的老板说顾客在乎的不是服务人员的数量，而应该做专业培训来提高服务人员的素质。

店长不知道如何执行这些建议，而且很快他就发现老板们也并没有把这些建议当真，慢慢地也就不去执行了。

我呢，作为5位老板中年龄最小的，我对各位大哥一直抱着尊敬和学习的态度，所以一直是不说话、不表态，大哥们说什么我就附议。时间久了，我甚至快忘记了这个酒吧也是属于我的，慢慢地也不再把酒吧经营的事情放在心上了。不过，我倒是经常带朋友来喝酒，然后不结账。只有这个时候我才感受到，嗯，自己拥有一家酒吧。

两个月后，我连每天的经营业绩都不再看了。直到有一天，负责财务工作的范哥突然在群里说，需要大家补钱给供应商交货款。自从我们盘下酒吧后，所有供应商都没有换过，一直是廖店长在打理，货款一个月结算一次。

第一个月的时候，我们在大众点评推出大额优惠活动，回款很多；第二个月以后活动停了，没想到账上的钱就已经不够补供应商的款了。

这个时候我才意识到：投了20万元，不仅不能分钱，难道还要持续往里贴钱吗？让我震惊的是，大佬们也纷纷表达出了不可思议的态度：我们卖酒不是挺赚钱的吗？赚的钱去哪里了？为什么还要再补钱？

按照我们之前测算的盈利模型计算，每个月有十几万元的流水，由于最大头的支出——房租我们已经预支过了，剩下的工资、电费之类的都不是什么大钱，怎么会赔钱呢？

店长解释说，上个月搞活动，大佬们的意思是在大众点评推出餐饮套餐，所以汉堡包、三明治之类的产品在大众点评上卖得很便宜，大家希望的是通过便宜的食品吸引顾客进店，然后卖利润率更高的酒类。没想到顾客进店后只点大众点评上的优惠套餐，不点酒。一份汉堡包薯条套餐只卖20元钱，我们这边的食品主要都是从供应商那里直接进货的半成品，进货价格就比较高，活动最后算下来是亏钱的。

其实这个顾虑我一开始就有，因为大众点评上的用户以学生和白领为主，这些人并不是这家酒吧的主要消费群体。但是我当时主要是抱着跟大佬们学习的态度来参与的，所以没有提出任何反对意见。我的想法是：大佬这么做，自然有他们的道理，我只要跟着执行就好，大佬肯定比我会做生意。

这次补货款钱不多，每个人多掏了600元，不过我心中开始有点怀疑这次合伙了：我的做法真的对吗？我们这些人中，好像没有人真的懂酒吧生意。

42　天下有这么快就散伙的宴席吗

这次亏钱金额不多,但它让我意识到,我们之中不仅没有人懂酒吧经营,而且似乎没有人愿意对最终的盈利负责任。

我试探着问龙哥,说好的找专业店长过来,对方什么时候来呢?龙哥说还需要一段时间,而且廖店长干得不错,他暂时不忍心把廖店长换掉。

有一位姓钱的大哥,原本的任务是负责策划酒吧活动,做公关、邀请歌手。然而自从我们盘下酒吧以来,没有任何歌手出现过,而且钱大哥已经两个星期没有出现了,在微信群里也没有说话。

更要命的是,包括我自己在内,我们每个合伙人都会带朋友来喝酒,喝完都不结账。

最后,我还是忍不住了。我问龙哥:咱们这个酒吧接下来打算怎么经营呢?我不能每个月都往里贴钱呀。

龙哥说:小弟你放心,这个酒吧以前是单一股东,一个人力量小,老板又不怎么用心经营,所以营销活动不太做,只是靠周边居民,那自然亏钱啦。现在我们5个人一起经营,兄弟5个,其利断金,大家依靠自己的人际关系,带朋友来消费,慢慢人就多了,这需要一个过程。再加上我们有你呀,你可以通过互联网手段去推广、营销,让你们学校的学生和附近的年轻人也来消费，我们很快就可以盈利了。

这套说辞和我们经营酒吧之前的筹划差不多。

但是现实情况是，我们在大众点评上的推广活动做了一个月，亏钱更厉害了。虽然每个人都带了自己的朋友过来，但是每次过来都不结账，结果是亏钱更多了。

另外一位合伙人也对龙哥的态度间接表达了不满，他说二楼有一处地板被一个喝多了的客人砸了，破损严重，已经一个多月了，也没有人去维修，因为大家都不愿意出钱，希望龙哥牵个头，凑凑钱，把这个地板给修好，龙哥连说"没问题"。

然而，酒吧的经营状况并没有好转。

第三个月，我们总共要补2万元的货款，每个人倒贴4000元。这次亏损没有人愿意接受了，钱哥干脆失联了。

我们的酒类核心供应商叫小李，他家里人都是做酒类贸易的，在北京这边有十几个酒吧客户，也是个不大不小的老板了。他说，一直对这个酒吧很放心，因为以前的老板从不拖欠货款。但是由于换了老板，小李往我们酒吧跑得就越来越勤，这个月我们不愿意结账，小李察觉到了不对，晚上没事就过来转一转，看看我们的经营状况。

廖店长一开始还能找一些托词，等过了两个星期，店长也熬不住了，说酒吧现在亏损，5个老板之间有争议，谁都不愿意掏钱。小李说，这个月再不结账，那就只能先把店里现有的酒都搬走了。

我们还有另外一个酒类供应商，目前还不知道我们的经营状况，一旦知道了，肯定也会第一时间过来搬酒。酒吧供应商这个圈子不大，他们的消息都是互通有无的，瞒不住的。

甚至连店里的兼职服务员都看出了不对，有两个服务员向管运营的李哥要求把这个月的工资结了。

我们5个老板就很尴尬了，仍然是没有人愿意付款。钱哥消失了，另外一个大哥明确表示不愿意再出钱了。

我现在也不知道该怎么办，如果大佬们愿意出钱，我也愿意跟着出，但目前这是什么状况？

作为老大哥，龙哥的心态倒是一直不错，总是一副和事佬的态度，说：咱们是民主经营，主意大家来定，一起制定，一起执行。我听大家的意见。

问题是，现在已经有两个人拒绝沟通了，怎么办呢？

管财务的范哥坐不住了，他让廖店长拉了一个清单，是我们每个人带朋友进店未结账的消费额，几个人加起来足足有四五万元。范哥说所有人要先把自己的消费额补齐。

钱哥这个时候不答应了，说这单子里范哥的消费额是最少的，是怎么回事，是不是账目有问题？这话相当严重，相当于撕破脸了。几个大佬们开始互相指责，甚至谈到了到法院强制执行。

这时突然有人意识到，这个酒吧现在应该是我们5个人的，为什么我们从来没有签过任何法律上的手续呢？

直到一个周末，我正在酒吧里休息，突然有几位穿制服的大哥进店，说是消防例行检查。好在廖店长跟他们比较熟悉，打打圆场就过去了，最后就说楼上缺了两个灭火器，让我们补上。

但是我发现，对方完全不知道我们酒吧换了老板。

我们的股份转让是交给龙哥来办的，难道已经3个月了，还没有办好吗？

越来越多的疑问萦绕在我的心头。

43 残酷的真相

消防检查人员走后，我问龙哥：咱们的股权转让还没有完成吗？毕竟，我们的转让款已经交了3个月了，但现在酒吧还是前老板的名字，这说不过去啊。

龙哥说：手续在办了，他再打电话催一下他交代的人，明天给我们答复。

其实，以前我们也问过龙哥转让事宜，龙哥每次都是差不多的答复，而我出于对龙哥的信任，也没一再追问。

但是这次不行了，我真的坐不住了。我把龙哥拉到办公室，认真地询问现在到底是什么情况。龙哥说他还在准备材料，我说这都3个多月了，连材料还没准备好吗？

龙哥又是巴拉巴拉讲了一堆道理，说他一开始为了疏通关系，一直在打通相关领域的人脉，这个月刚有眉目，这种事情急不得。这样的话，这几个月我反复不断地听龙哥讲，我开始心生疑虑了。

在我的商业常识看来，我们的酒吧股权关系转让是很普通的商业行为，签了合同交了钱，双方都满意，股权转让无非就是走个法律程序，有这么复杂吗？需要疏通人际关系吗？

我自己去查了相关资料，看看酒吧转让需要什么材料，原来，我们要到工商局和文化局进行改名申请和审批。然后我又去了工商局咨询，工商局说酒吧营业执照属于个体工商执照，要转让的话，只需要带着前业主的身份证和相关资质过来一起办理转让登记就可以，转让成功以后，再去税务局和文化局做备案。

于是我联系了酒吧前老板，他人在国外，他表示很奇怪为什么我们不着急找他做营业执照变更，他说等他回国就来找我们办理。这时我才知道，龙哥其实什么都没有做，甚至都没有联系前老板。

回到酒吧后，我假装不知情地问龙哥："酒吧转让进度怎么样了？"龙哥说：他已经搞定工商的关系了，但由于北京市暂停了新开业酒吧的办理，所以文化局那边目前是停止审批的状态。但是没关系，他有路子，过两天会请文化局的人吃饭，虽然会花一笔钱，但这个钱他自己出，酒吧经营状况不太好，他愿意自己承担这个公关成本。

听到这里，我的心彻底凉了。

我开始好奇：龙哥到底是谁？他在做什么？他是在骗我们的钱吗？

我开始展开联想，也许龙哥和前老板商量好了，收到转让费后，前老板跑出国，龙哥在这里假装经营，营造出亏损的情况，逼我们退伙，最后退给我们少部分钱。

如何证明呢？龙哥晚上会来酒吧，那他白天都在做什么呢？他靠什么赚钱呢？

以前听龙哥说他喜欢倒腾字画，也喜欢收藏茶叶，我很多次跟龙哥表示希望跟着他学习，长长见识，龙哥每次都是满口答应，可是从来没有真的带我去看过他的东西。

一个晚上，我等龙哥喝完酒，偷偷在后面跟着他。龙哥家住得很近，走路 10 分钟就到。我知道了他住的小区和门牌号。龙哥住在一个 20 世纪 80 年代建的小区里，小区中间有一个小花园，从花园里可以看到龙哥家楼门的楼道，这是龙哥出门的必经之路。

第二天我没课，早晨 7 点我就在花园里蹲守，等着龙哥出门，我今天跟定龙哥了。

能想到这个方法，我也觉得自己是不是有点夸张了，开个酒吧而已，至于吗？可是，这是我能想到的最好的办法。

跟踪真的很考验耐性，我一直等到下午 1 点才见到龙哥出门。龙哥开一辆宝来，这个车甚至还没有我的逍客贵，我一直跟龙哥说这个车不符合他的身份，龙哥总是说树大招风，还是低调一些比较好，我当时还很崇拜龙哥。

我开上自己的车，跟在龙哥后面，一直到了几公里外的一个小的电子市场。我跟着龙哥走进市场，看到龙哥走到一个卖刻录光盘的摊位，然后走进了柜台。

我的天！龙哥是卖光盘的？我直接愣在原地。我没有敢上前跟龙哥对质，毕竟这也太尴尬了。

后来的一个月，我前前后后跟踪了龙哥 3 天，他喜欢去兰州拉面吃饭，经常去小商品批发市场买 20 元的手串、书法、横幅，他确实在电子市场经营了一个摊位。

我亲爱的、敬爱的、无所不能、神通广大的龙哥，竟然是一个喜欢吃兰州拉面、买 20 元手串、靠卖光盘维持生计的中年男？

我彻底凌乱了。龙哥到底是什么人？他图什么？他在骗我的钱吗？他是成功人士还是失败者？

首先，龙哥肯定骗了我，因为我亲眼看着他在批发市场买了 20 元的手串,第二天就在酒吧里跟我说这是他淘回来的紫檀手串,价值上千元。

但是他的目的是什么?如果是打算骗我的转让费,以后他该如何收场?

过往龙哥讲过的话一幕幕出现在我脑海中。随着我对龙哥了解的深入,龙哥的真实面目也被我勾勒了出来。龙哥的真实面貌慢慢呈现在我面前,回忆过去,我发现龙哥讲过的话中有着各种各样不合逻辑的地方。

有一次,龙哥说他靠自己的关系接到了一场大型活动:一个国企的销售部门要把季度庆祝活动安排在我们酒吧举办,包场费用5万元,让我们认真筹备。龙哥说,这个国企的副总是他铁哥们,铁哥们命令销售部负责人,庆典活动必须去龙哥的酒吧,要不然经费他不批。

那时,我们刚盘下酒吧一个月,我当时还对未来充满信心。我本着向龙哥学习的态度,强烈申请和龙哥一起去谈这个生意,龙哥也满口答应了。

我们一起开着车到那家企业,联系龙哥的铁哥们介绍的这个销售总监,到办公室门口,秘书问:你们预约了吗?龙哥说跟销售总监约过了,然后秘书就让我们等着,足足等了半个小时。

等我们进去后,销售总监一副不冷不热的态度,跟我们寒暄了一会儿,双方才进入正题。

龙哥说:我们的酒吧有200平方米,楼上、楼下都有吧台,当天还可以请来歌手演出,很适合销售部门的庆祝活动。

结果销售总监愣了,问道:"您那是酒吧吗?我们是想去轰趴馆呀。"

龙哥也愣了,说我们这是酒吧。

剩下的20分钟,都是龙哥在努力说服对方,为什么酒吧比轰趴馆更适合办聚会,我明显看出对方一直在想办法送客了。

出门以后,龙哥说:"这次很成功,等我的好消息就可以了。"

现在回忆起当时那次销售，我觉得有点可笑。

而到最后我也没有跟龙哥坦白，说我知道他是什么人。其实我到最后也没搞清楚龙哥到底是什么人。

随着这些年见识的增长，我接触社会上的人多了，才慢慢搞懂，龙哥到底是个什么样的人。

他早年大概真的在体制内工作，后来也真的下海经商了。只不过，他的经历肯定算不上成功，他一定饱受挫折，失败多次，四十多岁时依旧一事无成，不得不在电子市场卖光碟。

他为数不多的乐趣就是晚上跟朋友喝酒、吹牛，在酒桌上，他是无所不能、人脉通达的龙哥，是众人膜拜的对象，是老大哥。在酒桌上，他成了他原本想成为的自己。

而龙哥也真的有不少阅历和见识，这些见识虽不足以让他成功，却成为他吹牛的资本，让人们对他说的话深信不疑。龙哥吹牛的本领远远超过他的实际能力。

而这种吹牛的本领却反噬了龙哥，龙哥本身没什么坏心思，如果他稍微坏一些，就会真的用这个吹牛的本事来骗我们的钱了，但他没有。龙哥吹牛吹到自己都信了，他一吹，我们一捧，结果他真的以为自己可以经营好一个酒吧，自己的人脉真的有用。

所以，龙哥不是骗子，只是忽悠，而且是个可怜人，他连自己都忽悠了。

龙哥和我们一样，实打实地投入了20万元，赔掉了自己多年辛苦积累的存款。真实的龙哥，除了他早年分的房子，也许还没有我有钱。至于龙哥经商的本领，一定是极差的，他连如何进行酒吧的股权转让都不了解，也没有去尝试。

龙哥一定曾在年轻的时候误入歧途,他深信做生意要依赖人脉,却从来不提自己要有本领。他理解的本领,就是联络人脉的本领。

而幼稚的我,竟然把这个龙哥当成自己的救命稻草和遇到的贵人,向他学习。

我原本打算付出 20 万元的学费向大哥学习。万万没想到,这 20 万元学到的东西是——这世界上没有大哥。现在想来,其他几位合伙人大概也是类似状况。

如果你在晚上 9 点走进北京的一家涮羊肉店、烤串店,看到几个膀大腰圆的北京大爷们儿对酒当歌,嘴里说的都是"部长、人脉"这些词,你要小心了。

44 低谷之后还有深渊

我看清了龙哥,揭穿了他虚假的面目。但是,我并没有选择当面和合伙人撕破脸,因为这对大家都没好处。

从第四个月开始,我就明确要求退出酒吧生意,买卖不成仁义在,能回多少钱就回多少吧。之后,不管是要求补钱还是开会,我都一律不参加,只要求退还合伙费用。只要能退我钱,20% 的合伙份额我全不要了。

我懂得一个道理:一旦发现自己犯了错误,就要果断割肉,再痛也要割,长痛不如短痛。

虽然说赔掉了 20 万元,但经过这次失败,我的脑子清醒多了。

我开这个酒吧,主要犯了两个错误:

第一,盲目相信其他人,对别人产生了依赖感,竟然相信酒桌上的陌生人能带我飞。

第二,不懂行却乱投资。明明自己不懂经营酒吧,却冲动地花了 20 万元去入伙。

而我犯下这些错误的根源,是我的心态出了问题:

第一,我沉浸在店铺代运营生意的失败中,一直在试图寻找新的刺激解脱自己。

第二，我膨胀了，这辈子从来没有赚到过这么多钱，我虚荣、狂妄、自大。

我原以为店铺代运营生意的失败就是我人生的低谷了，却没想到，低谷之后还有深渊。

好在，这一次，我被现实打醒了。

我开始反思自己的错误，思考自己这几个月不靠谱的行为。

在酒吧经营到第五个月时，所有人都打算放弃了，管财务的范哥抓准时机，跟我们提出了愿意低价收走我们手中全部的股份，每个人补偿2万元。其实我是打算答应的，可是龙哥不同意，他认为自己的股份不止这么一点钱，希望范哥抬高价格。

结果又拖了一个月，眼看着酒吧又要交租了，范哥的收购没了动静。我看好不容易能拿回点钱的机会也没有了，一赌气，干脆退出了群聊，从此再也没去过这个酒吧。

到现在我也不知道这个酒吧的经营状况如何，不知道龙哥这些人现在在哪里，在做什么。我的钱，也一分都没有要回来。

好在我心里仍然有风险控制意识，对当时的我来说，20万元在财务上确实算不上重大打击。

这次经历，让我深深地怀疑"人脉"这个词，让我对所有依靠关系做成的生意都产生了一种天然的不信任，让我对吹牛、侃大山的人有一种发自心底的鄙夷。

现在，我自己做了创业社群，有很多人想把我当作"大哥"，**我时刻警醒自己，也警示其他人，不要到处认"大哥"，不要相信有人会带你飞，除了你爸，没有哪个"大哥"会平白无故对你好。**

零成本创业
——从0到1000万的创业解决方案

现在回首那段开酒吧的经历，我对自己那半年的评价用三个字概括：不理性。

某种程度上，我认为店铺代运营生意的失败给我造成了巨大的冲击，尤其是最后跟合伙人、员工和客户的多重矛盾，让我的心理受到了巨大冲击，击垮了我的理性。

之后，我冲动、虚荣、愤怒、盲目崇拜，所有这些形容词都与情绪有关。我不去计算酒吧的盈利，不去考虑自己是否懂经营，我抛弃了自己的理性，让情绪主导了自己的行为。

直到这个生意失败，我才重新找回了自己的理性。

我问自己：下一步，该怎么做？

这里，我要十万分地感谢我水果外卖店的合伙人。

在前面的外卖篇，我介绍过常来兼职的3个人：李姐、小建和小强。

李姐干过多年服务员，干活最利索，刀工好，但是她太絮叨了，跟年轻人处不来，总是抱怨。

小建有点大大咧咧，心气高，也比较喜欢自由。他总是想来就来，如果不来，我也联系不上他。他在金钱上不太计较，我们最早兼职是按小时计算的，他总是忘记自己是几点来的，就说钱给少点也没事。

小强与小建正相反，性格小心谨慎，做事小心翼翼，金钱上算得很清楚，不过好处是心细，而且脾气很好，对顾客态度是最好的。

经过几个月的筛选，我最终选择了小强作为我的合伙人。李姐太愤世嫉俗；小建服务态度太差，有几次让他负责跟顾客沟通，他都跟顾客吵起来了，急了连我都骂。

当时之所以选择小强，最重要的原因就是觉得他靠谱。他虽然谨慎而抠门，但是说的事情一定会做到，谈好的事情绝对不会变卦。

我不求合伙人有多么聪明伶俐，能帮我解决多少问题、提高多少收入，只要能稳健经营，踏踏实实地看店就可以了，而小强完美符合这个要求。

这几年下来，证明了这是我这些年做出的最正确的决定之一。

无论我在外怎么折腾，甚至代运营生意失败时，我的员工都闹到外卖店那边去了，小强仍然岿然不动，稳稳当当地经营。在我开酒吧时，有的时候两个星期都不去看外卖平台的经营，当甩手掌柜，小强也二话没说，承担起了全部责任。

所以，不管我出了再多的意外，水果外卖店依旧每月给我提供稳定的现金收入，这是我的底气和信心来源。

找回自己的理性后，我重新专注于水果外卖店的经营，也刚好赶上我们的外卖生意遭遇了危机。

当时，各大媒体曝光在家里做外卖的人用地沟油和低质量食品，仿佛一夜之间，全国的记者都去暗访外卖店了。当时最有名的新闻就是一个外卖小哥去取餐的时候，看到餐食是怎么做出来的，转手就把外卖店举报了，他说这样的饭实在没法送。

因此，外卖平台直接把我们的店下架了，要求我们必须有正规的经营地址。

我火速在附近找到了一个美食城，这个美食城是专门用来做外卖的，基本没有堂食，美食城的租金和我们的民宅其实差不多，而且我们可以直接借用美食城的餐饮牌照上架到外卖平台，完全解决了营业地址这个隐患。

即便到了2021年，你点的外卖也仍然有绝大多数出自这种没有堂食的外卖美食城里，算是外卖店的一个低成本解决方案。如果你想开个餐馆，成本最低的方式大概就是在外卖美食城里租一个档口了。

除了稳定水果外卖生意之外，我也意识到自己在经商方面的缺陷——缺乏商业常识。于是，我拼命读书，看遍了市面上的商业书籍和商人传记，加入各种各样的付费社群。

此时，我也面临研究生毕业。我打消了毕业后就做生意的念头，打算先认真学习，好好打工，看看别人是怎么做生意的。

另外，这么多年，我还有一个隐藏的爱好：投资。

于是，我有半年的时间没有做新的生意，而是找各种各样的实习机会，为以后的工作做打算。

45 笨生意和聪明生意

本节聊点创业的题外话：投资。

投资是不得不聊的事，因为在我的生命中，投资和创业的权重几乎是并列第一的。

我通过创业赚到了第一桶金，之后的收入增长很难说是来自投资的多还是做生意的多。

每个月生意都有几万元钱进账，同时我的投资也在水涨船高。我没有做详细的财务统计，所以我也说不清楚我的1000万元财富中有多少是投资赚的、有多少是创业赚的。

所以，某种程度上，投资才是我的主业。

我上学时就开始渴望赚钱，一切都可以追溯到我想要双耐克鞋的那一天。

我们都知道，来钱最快的是钱生钱，所以，我一开始想到的可不是做生意，而是炒股。

我上大学时，我国A股最大的牛市刚结束，全民炒股的热情被激发了出来。我从大二开始，先投入了1000元，后来我爸又资助我2000元，用3000元本金开始炒股。后来陆陆续续又往里投过不少钱。做外卖生意赚到钱后，更是几千元、几万元地往股市账户里打钱。这么多年，我持续、稳定地

零成本创业
——从0到1000万的创业解决方案

赔钱。

我研究过趋势投资，背得出二十多种K线图，会画各种均线，甚至熟读"缠论"，从日本蜡烛图技术到彼得·林奇的成功投资，市面上见到的炒股的书我几乎都读过。

我还在国内排名前三的保险公司投资部门，在某券商的证券研究所、融资融券部、新三板部门，在某基金子公司，甚至某监管部门都实习过。

我实习的目的，一是看看什么工作岗位适合我，二是看看能不能学到一些炒股赚钱的诀窍。比如，在融资融券部门，我可以看到这个证券公司所有大户的操作，我就默默学习大户的投资思路。

结果，我还是赔钱。从2008年到2015年，我一直赔了7年。

2015年牛市，我运气不错，赌了把大的，赚到了20万元左右，刚好弥补了我在酒吧生意上的亏损。

我真正领悟到投资的真谛，还是在我步入工作岗位之后。

那是一家风格非常鲜明的一级市场投资机构，准确的叫法是"私募股权投资公司"。

在我去这家公司实习的第二个星期，偶然的一次机会，参加了公司的项目评审会。在评审会上，公司领导会和项目组成员讨论某个企业值不值得投资。项目成员的目标是说服领导投资，风控组成员的目标是客观评价企业的风险，领导做最终定夺。每次会议都决定了公司几千万元投资款的去向。

这一次会议，改变了我的人生。

原来，投资是这样做的！

原来，投资要研究企业，投资要分析财务报表，投资要研究行业。

投资真正重要的，是对企业进行准确估值，然后用合适的价格买下企业

的一部分股票。

投资的本质，就是购买企业的所有权！狗屁 K 线，狗屁趋势图，狗屁内幕消息。

那一刻，我的感受就是被打通了任督二脉。

几乎是立刻，我决定留在这家公司。

当时负责这次会议的是公司的高管魏总，魏总以前是证监会股票发行审核委员会委员，参与拍板什么企业能上市，专业程度可以说是国内顶尖。

我一辈子都感激魏总，是他让我学到了什么是价值投资。

最终我如愿以偿，入职这家私募股权公司，正式成为一名"股权投资经理"，起薪 1.5 万元，算是高薪职位；更爽的是，我不用坐班，时间自由，没事的时候可以不用去公司。不过代价是，我每年有二百多天要出差，而且我出差看项目多数是比较艰苦的地方，比如去农村看养猪场、去贫困县看塑料厂，都是常事。

长期出差影响了我做生意的进度，但是也使我受益很大。

我能接触到各行各业的商业模式，能直接与年产值几千万元甚至过亿元的老板打交道。我们这些投资人算甲方，所以我们去企业出差时都是享受贵宾待遇的，即便我只是一个刚毕业的毛头小伙子，他们也给我和这些企业的老板平起平坐的待遇。

我向他们请教各种企业经营的问题，他们都会一五一十地告诉我，虽然他们的答案里往往真假参半，可对我来说，其知识含量已经是一个普通学生难以企及的了。

通过与这些大企业老板接触，结合我自己做生意的经验，我慢慢对商业世界有了感觉，我开始知道如何筛选生意、如何识别靠谱的人。

在选择生意品类上，我们可以简单地把生意分为聪明生意和笨生意。所谓**笨生意，就是风险大、收益低的生意**，比如开店、办厂、施工。这些生意需要你先行投入一大笔资金，而你的回报率是未知的，甚至连回报周期都不知道。当然，这不是说笨生意不赚钱，笨生意做得好，赚钱也会很多。由于做笨生意很苦很累，失败率很高，所以能坚持到最后的人很少。实际上，大多数上市公司做的都是笨生意。

我更喜欢做的是聪明的生意。聪明的生意有几个特点：

第一，先收款，后提供服务，所以没有资金压力。

第二，生意做得越久，你的竞争力越强，形成正反馈。

第三，产品制作一次，可以一直坐地收钱，边际成本非常低。

第四，潜在收益非常高。

越是符合这个条件的生意，越是好生意。好生意做起来会特别舒服、省心。付出同样的努力，做聪明生意更容易成功，赚钱更多，人也睡得更香、身体更健康。

以我自己为例，开水果外卖店是笨生意，做外卖代运营是聪明生意。付出同样的努力，做外卖代运营显然能赚得更多。

我去调查的很多工厂老板，虽然年产值几千万元甚至几亿元，可是生意做得很辛苦，效益、工人、银行、客户，各个方面都要照顾到，心累。

当然，我并不是说聪明生意就是比笨生意好。实际上，有很多人就是喜欢操心，就是喜欢控制，就是喜欢一切掌握在手中的那种权力感。笨生意管的事多，意味着你掌握的资源多、权力大，有人就是喜欢这样。

只是对我来说，我更喜欢省事一点，少点人、少点事。

很快，我发现了一个还算聪明的生意。

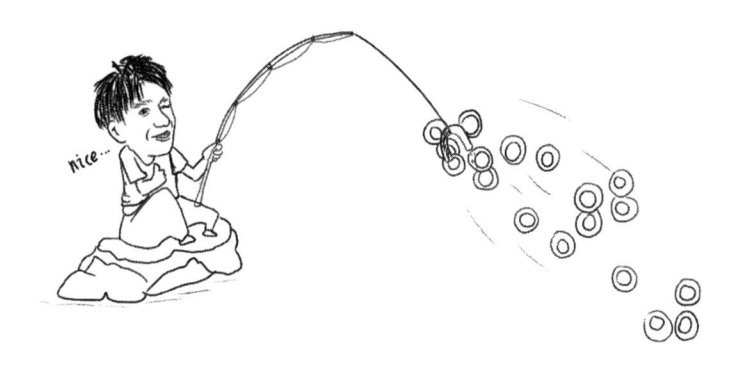

46　活动策划生意的门道

有次跟亲戚聚餐，跟我一个叔叔聊了起来，他做的是展台搭建生意，在北京郊区有一个库房，存着各种尺寸的展台支架，他们可以在1天之内搭出各式各样的舞台。叔叔在北京已经做了10年生意，生意不算大，2个老板3个工人，1个月10几万元流水，发不了财，但也饿不死人。

叔叔知道了我开始做股权投资，希望我能给他介绍一些企业老板。北京每个月都有各式各样的展会，企业的市场部门会带着自己公司的产品来参展，而叔叔的展台搭建就可以帮助参展企业搭建展台。

说来也巧，刚好我看的一个项目是做智能语音机器人的，计划在北京老国际展览中心参加一个新制造展会。那家公司大概三百多名员工，年收入5000万元左右，智能语音机器人是他们新研发的产品。

我就找这家公司的老板聊了一下这个事，说我家有个做展台搭建生意的亲戚，如果来北京参展需要搭台子可以找他，老板立刻联系负责这次活动的市场总监来跟我对接。这应该是我上班以后第一次沾了工作的光。当然了，我这点权力实在算不上什么，我只是一个微不足道的最底层投资经理，我能做的工作就是对企业进行尽量完备的尽职调查，最后是否投资企业并不是我能决定的。但是，对企业来说，只要服务成本不高，他们也愿意帮我一些小忙，这算是我这个工作的一个隐形好处吧。

最后运气不错，我还真促成了这单生意。这只是一个很小的活动，搭建一个30平方米的展台，合同价格是8000元。合作过程很顺利，叔叔的经验非常丰富，对方活动总监也没有挑事，中间没有任何意外。活动结束后，叔叔给了我2000元红包，算作介绍费。

当时我好歹也算是身家百万元的人，对2000元红包自然没什么感觉。不过，我突然意识到，原来世界上还有这种生意，动动嘴就可以赚钱。

我的本职工作能接触到大量的老板资源，那我是不是可以持续利用这个渠道进行资源再利用呢？抱着这样的想法，我开始频繁和叔叔接触，没事就去他的工厂转转，有时还陪着他们一起到现场。我慢慢了解到了展台搭建公司的生意模式，他们的客户主要是活动策划公司、广告公司、商场、酒店等。

这个生意起步比较困难，但是只要做起来了，有了稳定的客户，后期维护还是比较简单的。因为活动策划公司的需求比较稳定，只要展台搭建方能够提供靠谱的服务、活动现场不出意外、价格合理，场地方和活动策划公司就非常乐意持续与你合作，这是一个吃老客户的生意。

展台搭建公司的成本主要有两块：一是仓库的租金和展架的成本，这部分成本相对稳定；二是工人的费用，对于生意不太多的搭建公司来说，甚至不需要雇用工人，有活的时候找临时工就可以了。

坦白说，我觉得做这个生意真的挺辛苦的。有一次，叔叔负责在一个商场里搭建100平方米的舞台，商场白天要营业，施工必须安排在晚上。

我们晚上6点开始装车，把库房的展架搬到卡车上捆好，晚上9点出车，从郊区开到商场，11点开始施工，一直干到第二天早晨6点才完工。工人这么辛苦干了一宿，待遇是250元工钱外加两份盒饭。

我跟完这一次活动，整个人都要散架了，以后再也不想去跟项目了。当然我也没打算做展台搭建生意，我只是想了解一下这整套产业链。

从叔叔的展台搭建公司开始，我慢慢了解到了活动策划生意的全貌，而我最想做的就是这其中的信息中介，也就是活动策划公司。

活动策划公司的本质是一个中介，下游客户是活动主办方和一些大型广告公司，上游对接各式各样的服务商，比如场地供应、舞台搭建、主持人、节目演员、灯光师、摄像师、礼仪团队、保安团队等。

一个完整的生意流程是这样的。比如某手机品牌与广告公司签订了约5000万元的年度框架协议，协议约定了这一年中举办多少次活动、预算是多少。具体到某一次活动，广告公司有推广部门负责宣传，而在活动落地执行层面，会派出一名执行经理，执行经理负责联系活动策划公司，活动策划公司与广告公司再签订一个活动执行合同，根据广告公司的要求去找具体的项目供应商。

除了这些大客户外，也有一些小型的、一次性的活动策划项目，比如企业年会、发布会、庆典、开业仪式、周年庆等。如果你找过婚庆公司就会明白，婚庆公司的本质就是一个活动策划公司，它是资源整合方，不是资源供应商。

而想要做好活动策划生意，最重要的是什么呢？并不是所谓的策划或者资源整合能力，这些是虚的。唯一重要的就是你拿单的能力，即拿下客户的能力。

当时我想，既然我有这个接触大老板的机会，那么我也就具备了拿单的能力。这种生意算是把我手中这点微小的资源变现的最佳方式。

于是，我开始有意识地积累叔叔的资源，没事就到叔叔活动的现场转悠，我会带上自己的名片，名片上印着我是某知名投资机构的投资经理，借此和各种资源合作方搭上线。

叔叔当然明白我的心思，而且如果我真的能接到单子，那么场地搭建这块肯定也会交给叔叔来做，所以叔叔非常乐意帮我牵线搭桥。

我很快就积累了一批活动策划的项目供应商，我的微信里有十几个在北京的灯光师、主持人，甚至气球装饰和冷餐配送公司的联系方式。

然后，我开始学习如何举办一场活动，从前期的策划到后期的执行，都有哪些细节需要注意。

我开始学习不同的展架之间有什么区别、不同灯光有什么区别、在商场办活动需要具备什么资质。这些知识一点都不难，只要跟着走一遍流程，大多数人都能够顺利掌握。

我买了一根索尼的录音笔，没事就当叔叔的小监工，到活动现场去，跟音响师聊聊，跟主持人聊聊，向他们请教问题，把我们的对话录下来，回家整理成笔记。

因为这样的活动现场的知识，书本上是学不到的，只能跟从事这个行业的人去学习。

好在这些知识不难，过了两个月，我就比现场的人要专业了。有一次活动，一个歌手临时放鸽子，还是我找了一个替补来救的场。

这两个月里，我还认识了叔叔的另外一个远房亲戚，是他的另外一个侄子，比我小两岁，他不爱读书，早早出来混社会，本来是跟着叔叔做学徒，在叔叔的场地搭建生意那谋一份差事。叔叔的这个小侄子，后来成了我活动策划生意的合伙人。

47　活动策划生意的本质

过了两三个月，我认为自己基本具备独立对接客户的能力了。此时，距离我结束酒吧生意已经过去了将近一年，来看看我这一年的成长吧！

我接到的第一场活动，是在北京一个商场里举办的小型首饰展览上，几个参展方想在展台门口站几个礼仪小姐充场面，报价是300元每人每天。我得到消息后，立刻联系他们，把活动接了下来，提供了8个礼仪小姐，持续3天，总价格7200元，我给小姑娘的价格是150元一天，也就是我吃到了3600元的差价。

这个活动信息是在一个活动微信群里找到的。

开始接触活动策划生意后，我才知道这种生意的主要成交场所都是在群里，有需求的人会在群里发通告，然后就会有人接单。我看到群里的消息，立刻联系了他们，并且在第一时间赶到了他们的商铺当面沟通，也许是因为我的效率很高，态度也诚恳，所以他们放心地把活动交给了我来做。

其实他们根本不知道我是第一次接这种活动，也并不了解市场上有远比我报价低的供应商。

由于我负责任的态度，客户又让我去租礼仪小姐穿的旗袍，后来又把门口展板设计的工作交给了我，我很幸运地又多赚了1000元的差价。

不过活动中途出了岔子。在活动第三天，领导临时派我出差，当时我是作为监工在现场的，原则上不能走。还好，我找到了一个替补，就是我叔叔的那个远房侄子宇航。宇航一直在叔叔那边学习，跟我也算熟悉，我就临时把他叫来当监工了，他也蛮靠谱。

尤其是最后一天需要管客户收尾款，这个环节很重要。根据我的经验，客户很容易在最后一天挑刺儿，然后赖账或者扣减掉一部分费用，这个时候一定不能服软，要据理力争，把谈好的费用要到手。宇航的表现出乎我的意料，不仅完美地收到了尾款，还在现场留下了其他潜在客户的联系方式，客户还夸宇航非常认真负责。

活动策划的第一单就算顺利完成了。之后又顺利接了几单，让我对活动策划生意有了更多感受。

这个生意的利润率基本维持在30%～50%，也就是供应商给我们报价，我上浮50%报给客户。这个生意的门槛太低，从大的活动策划公司到小团队，甚至个人，都可以做，导致价格体系也比较混乱。

基本上只要客户愿意付定金给你，你就可以帮客户去找人。

当然了，任何零成本生意、中介生意的门槛都很低，我们一穷二白的人只能低门槛起步，没办法呀。

幸好我有一个天然的优势，就是我能够通过本职工作接触到大老板们，他们给的生意事少、钱多，利润率很高。这样的单子让我和供应商们维持着良好的关系，因为大家都觉得我这边活动多，所以当他们有生意分享的时候也会第一个想到我，有来有往，生意伙伴才能长长久久。

做了一段时间后，我也明白了，大型活动策划公司基本都是"小蜜公司"。所谓的"小蜜公司"，就是依托一个大型企业，通过给某个大型企业提供服务而生存的公司。

小蜜公司的老板一般是大企业老板的亲信。这样的公司平时看起来日子过得很舒服,但是抗风险能力很差,这样的公司本质上是依托公司老板和大老板的关系而存在的。我以前羡慕的那些大型活动策划公司,大多数都是小蜜公司。

我自己做活动策划生意,不也是借着自己手里握有小小的权力,想尽一切办法把它变现吗?当我看清这个生意的本质后,我对它就提不起太大兴趣了。

所以,我还是以自己的本职工作为主,水果外卖生意为辅。活动策划生意,有单子找我就做,没有的话我也不会主动去搜索了。

本来以为这个生意就这么过去了,直到有一天,叔叔的远房侄子宇航突然找到我说,希望与我合伙。

48 销售的秘诀

宇航中专毕业，做过销售，人比较懒，也不太喜欢学东西，可优势是擅长跟人打交道，情商高，办事靠谱。他刚好可以弥补我由于出差，无法出现在活动现场的缺陷。

宇航原本是被父母安排去叔叔那学做展台搭建生意的，但那个生意又苦又累，挣钱一般，整天跟展架和工人打交道，宇航非常不喜欢。他帮我在活动现场做过几次督导，反而是更喜欢我这个生意，因为我这个生意的主要工作就是动嘴皮子，协调各个供应商的工作。

所以，宇航还真的是满足我这个生意要求的合伙人，我当时唯一的顾虑就是活动策划这个生意的门槛太低了。我找来了客户，宇航去出现场，等他跟我找来的客户都熟络了，也就没我什么事了。

但是，左思右想，**有生意做总比没有强，以后的隐患就留给以后的自己解决吧**。所以，我决定和宇航合伙。我负责联系客户，宇航负责现场协调。这样的组合，我可以远程通过电话和微信做生意，不耽误上班。

我的客户来源主要有三个：一是叔叔介绍的供应商，二是自己通过本职工作积累的资源，三是在网上自己联系的活动方。

网上联系的活动，其实谁都可以去找。只要你多参加几次活动，就会加

零成本创业
——从0到1000万的创业解决方案

入各式各样的微信群、QQ群，群里每天会发布各种各样的通告，除此之外，在58同城网、豆瓣网，还有百度竞价都可以打广告，让有组织活动需求的客户看到你。

我花几千元钱在58同城网办了一个会员，可以发布置顶的帖子，每天可以被动接到十几个客户的咨询电话，这就是一个非常稳定的客户来源。

我搞定客户的方法也非常简单，客户过来咨询，不管他提什么条件，我都尽量满足，尽力促成面谈；只要客户答应见面，我就会第一时间赶过去。只要与客户达成见面沟通，这单生意就八九不离十了。

这么做的原因很简单，**活动策划生意提供的都是差不多的东西，大家报价也差不多，谁先获得客户的信任，抢在C位与客户沟通，谁就最有机会拿下客户。**这个道理和房产中介其实是一样的，所有房产中介带你看的其实都是那几套同样的房源，房源是没有区别的，唯一的区别就是你走进了哪家房产中介的门。

尤其是我本身毕竟是研究生毕业，个人气质、谈吐都还算在线，客户见到我后，信任感会大大增强。

另外一个销售的秘诀是，一定要找到关键决策人。

比如，一个50人的小公司，老板委派市场部员工出来找合作者，但是决策权仍然掌握在老板手里，那么你跟这名员工的关系处得再好也没有用。你一定要想办法见到最终的拍板人。

就我的经验，如果见不到老板，生意成交的概率低于20%；只要见到老板，有一半的概率能成功。我认为这个方法适用于所有销售。

我自己也做过老板，也管过员工，当我吩咐员工去联系几个备选的合作者时，员工报上来的几个名单对我来说就是A、B、C几个不同的选项，这些选项的区别就是价格、产品质量等，它不掺杂信任等非理性因素。所以作为服务提供者，如果你接触不到最终决策人，针对手下人再使劲也没用。

在销售过程中，我也有一套自己的方法。我本人是比较内向的，并不是口吐莲花、巧舌如簧的销售人员。

我认为，作为一个销售，认真的付出、一定程度的坚持以及不说谎是非常重要的原则。

用一个我的成功经验来举例。一个很有名的保险公司北京分公司要举办季度客户答谢大会，总预算10万元，这是我能接到的规模比较大的活动了。

但是我知道，客户一定会有很多备选，只需要从中选出一个最符合心意的合作者。

他们在58同城网上找到了我，约我去他们的办公室商谈。在去的路上，我买了3杯星巴克咖啡，因为我假设对方最多会派出3个人来跟我谈，当然更大的概率是只有一个市场部小姑娘跟我沟通。但是没关系，认真的付出就是只问付出，先不问回报。所以3杯星巴克咖啡，其中1杯热咖啡，1杯冰咖啡，1杯热的无咖啡因抹茶咖啡，如果对方只有一个小姑娘，她就可以选一杯最适合她的来喝。

认真地付出，可以让对方感受到诚意，但这还远远不够。

商谈时，对方果然只派来了一位市场部的小姑娘。我搞清楚这个活动的最终负责人是分公司的市场部总监，于是我强烈要求见到那位总监。

小姑娘说总监今天没有时间，让我这边做好策划案后发给她就可以。这个时候我知道必须要坚持，如果见不到总监，我的成交概率一定低于20%。所以我问她："总监是在这个楼上班吗？"小姑娘说"是"。我说那没事儿，

零成本创业
——从0到1000万的创业解决方案

我就在楼下做策划，等到你们下班，你看方便的话去跟总监说一声，毕竟有些事情见面沟通最方便；不方便也没关系，我明后天还会再过来。

会面结束后，我就到楼下找了一个地方坐着等，没过两个小时，小姑娘就喊我上去，说总监愿意见我。

当然，在坚持的时候要把握好尺度，不能引起别人的反感，要把握好尺度需要一定的人际关系敏感性，要用"伤害自己"而不是"打扰别人"的方式来坚持。

再就是诚实。我见到总监以后，总监跟我沟通了一下活动细节和报价，一个报价2500元的主持人，他们希望压到1500元，我说不太可能，总监说你们这个生意我明白，你就是吃差价的，你就说这个主持人给你报价多少。

这时，我直截了当地回答："800元。对方给我报价800元，我扭头过来报2500元，还不愿意降价，看起来确实挺过分。"

最后，客户选择了我。但是，销售有意思的地方就在这儿。客户选择我，并不是因为我认真付出、找到关键决策人，或者我诚实。客户选择我的原因，我永远不会知道，销售和创业一样，都是一定的随机性，客户有他自己的决策机制，而你永远没办法知道这个机制的算法。可能客户只是看我顺眼，或者客户抽签随机选了一个服务商，都有可能。

对于我们创业者来说，我们只能做好自己的分内事，做最大的努力，预估最坏的结果。

其实我也完全可以说主持人给我报价就是 2000 元，我实在没有降价空间了，我也要赚点钱是不是？就像卖衣服的小贩总是跟你说：这是成本价了！成本价给你了。

但是，如果你不诚实，之后被发现了，对你个人的信誉会造成非常大的损害。即便这单能谈下来，以后也很难有机会合作了。

虽然诚实在很多时候会让我损失短期的利益，但长期来看，诚实仍然是最好的选择。

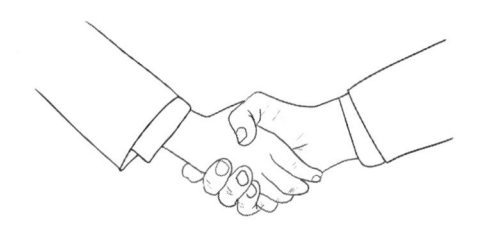

最后，再分享一个我做销售时的送礼小技巧。

送礼的秘诀是什么？不是贵，不是送到别人心坎里。送礼这件事，最大的困难是对方不收。有的人是不好意思收，有的人是怕收了会出事。九成的礼物都是送不出去的。换个角度说，只要礼物能送出去，事情的成功率就会大大提升。

所以我们要做的，**是送一些能拉近人与人之间距离的小礼物，且不牵涉商业贿赂，确保你的礼物能送出去。**怎么做别人才会收呢？

答案是：送一个无法撤回的礼物。

首先，什么礼物是可以撤回的呢？

比如，你买了一瓶茅台酒，送给领导，领导说我不要，你把茅台酒拿回家了，这就是一个可撤回的礼物。你拿了一张 500 元钱的加油卡送给客户，客户不收，你可以自己用这张卡，这种礼物也是可撤回的。

什么礼物是不可撤回的呢？

我在谈活动策划的客户时，一般知道对方的办公室地址和电话号码。我经常会点一份果切外卖送给对方，当然，我能想到这个主意，是因为经常有人在我的外卖店里点果切送人，我知道这真是一个妙计。这份果切外卖，别看钱不多，但它是一份不可撤回的礼物。客户可以拒绝我的礼物，但他心里清楚，即便他拒收这份外卖，我的钱也已经花了。

我在第一次去别人办公室时，会买好几杯星巴克咖啡，后来我还尝试过买知名品牌的蛋糕，不仅可以边商谈边吃，即便对方不吃我带去的食品，我的这份心意对方已经无法拒绝，因为我的成本已经花出去了。

有个客户提到自己喜欢看开心麻花的话剧，我就直接用她的手机号买了两张第二天晚上的话剧票，她的手机会直接收到订票信息。她可以拒绝，可以不去，但我的票不会退，我也不会用她的手机号去看话剧。她可以拒绝这张票，但是我的这份心意她已经无法拒绝。

这就是送礼的秘诀：让收礼方意识到，你的成本无法撤回。

这样的话，不论他接受还是拒绝你的礼物，他已经无法拒绝你的心意了。

同样的，这样的手段要把握好尺度，不能过火。

比如你天天让外卖小哥给人家办公室送花，对方也无法拒收，但是这样的行为容易被人误解，甚至会让人感到有点"惊悚"。

49　创业者如何高效利用时间

有八成的客户被我浪费掉了。因为我实在太忙了，我一年有一半以上的时间都在出差，没办法跟客户见面。只要是交易额上万元的大生意，不见面是不可能谈成的，为此我错过了太多生意。

其实，我自认为已经是利用时间的顶尖高手了。我的本职工作是在最繁忙的行业——金融业，我当时的工作状态跟996差不多，一周的工作时间差不多是80个小时。

但是，这80个小时工作时长其实是很水的。

首先，有大把的时间都是在出差，而出差绝大多数时间都是在路上。比如，我最常见的一天行程：凌晨4点起床，赶早班飞机；10点钟到达企业所在城市；中午吃饭、喝酒；下午开会；吃个晚饭，赶晚班飞机回到北京。

这一天看起来很忙，其实真正谈事情的环节只有下午的开会时间，50%的时间浪费在了路上，30%的时间是吃饭、吹牛联络感情，而真正有效的工作时间只占20%。

所以，我会有效利用80%的时间，如在车上或机场候机时，我会打销售电话，对接新的活动策划客户。在飞机上，我会把工作需要的文档写好（我们叫调研报告），或者看看书，或者补觉。和企业方的人吃饭、吹牛时，我都在用手机处理外卖店的事情，或者和活动策划的客户联络感情。

这样，我就可以一边出差，一边处理好自己的生意。

另外，我还有一些其他的职场小技巧。

比如，我的工作中有两项非常浪费时间的事：写 PPT 和贴发票。我通常会和我们公司的实习生联络好感情，每次都给他们带一点好吃的，然后请他们帮我写 PPT，200 元一份，价格很高了，但是能节省我的时间。

比如，我从来不参加任何同事间的聚餐和公司团建活动。当然，这也是因为我加入了一个好公司，我们公司的作风就是不玩虚的，只赚钱。

比如，我从来不浪费任何时间考证，想打工的才需要考证。

在外卖店生意里，我几乎把全套流程都交给合伙人来处理，我只处理与财务、退款相关的事宜。非常感谢我有一个可靠的合伙人，让我付出极少的劳动，却享受了极高的分成。

在活动策划生意里，我只负责谈客户，现场督导交由合伙人去干。所以，我的大部分工作都是用手机就可以完成的。

这样，我就实现了在上班频繁出差的同时还兼职做两门生意。

所谓的时间管理，我认为方法有两个：

第一个方法，不做浪费时间的事情。我做生意最忙的那几年，从来不参

不做浪费时间的事情。

加任何社交活动、聚会，不和同学吃饭，不串门走亲戚，大年三十我都在挣钱，没钱过什么年？

尤其是酒吧生意深深地伤害了我，我对搞人际关系这件事深恶痛绝，只有自己长本事才是硬道理，搞什么人际关系？

更别提有的人看电视、打游戏，一搞就是一晚上；还有的人，早晨赖床能浪费一上午，然后坐在沙发上发一下午的呆，一天就这样过去了，太可怕了。

睡醒了就是赚钱，做梦也是赚钱，只要进入这了种状态，效率自然高了起来。

第二个方法，只做事情的核心环节，其他事能不做就不做，必须做的就外包。

我基本会把时间使用效率低的环节留给合伙人去做，我自己去做单位时间产出最高的事，这样就能确保我的时间利用效率是最高的。

当然，有人会质疑：你做最少的事，却分最多的钱，这样对你的合伙人公平吗？

觉得不公平，可以散伙，没人指着你的头逼你跟谁合伙，这是我们混社会的基本常识。

当然，也正因为如此，我的活动策划生意开始出现裂痕。

50　活动出错带来的屈辱经历

时间飞逝，我做活动策划生意也半年多了，工作步入了正轨，外卖店经营依旧稳定。

活动策划生意的收入其实不算非常高，我们每个月的流水能做到10万元，利润也就是3万～5万元，我和宇航一人一半，到我手里也就是2万元左右。

赚钱不多，但是每个活动都需要宇航到现场去，最忙的一天他要同时跑3个活动，已经快到极限了。

活动策划生意在我眼里，没有一开始想象的那么"香"了，上限好像有点低啊？

不仅如此，这个生意还有两个地方我特别不喜欢：

第一，我需要经常与客户、供应商维系关系。这个生意的门槛不高，但是复购率不错，如果想维系住老客户，我就需要经常性地和客户聊聊天、吃吃饭，联络联络感情。这样，客户在有生意的时候才会想到我。

我本身不是一个爱社交的人，这样维系感情的活动让我心累。

所以，后来我干脆把维系老客户的工作交给宇航来做了。我知道这样会让自己面临让宇航单飞的风险，但是没办法，我实在是太不喜欢做这些事了。宇航跟我正相反，他很享受这种交流感情的工作。

第二，这个生意是先服务，后收款。我们在敲定一场活动时，会先收50%的定金，有的客户比较强势，只给30%或20%，剩余部分需要等到活动结束后再给。

活动策划生意麻烦的地方在于，一场活动难免出岔子，不管是歌手跑调、礼仪小姐不好看，还是现场布置不到位，一场活动总是会有各种各样的麻烦。

有的客户喜欢找碴，总是会挑一些活动中的毛病，试图扣点费用出来。所以，每次活动结束，要账都是一件麻烦事儿。

有两次活动客户干脆赖账，逼得我买了一个棒球棍，直接冲到客户公司去（当然这只是做做架势），这才把钱要过来。

有一些展会活动，客户是从外地来北京参展的，展会结束后如果你不拦住客户，有的客户就忘记结账走了。

举个我印象深刻的事情吧。

这是一个楼盘完工庆祝仪式，甲方是一个大型房地产商，乙方是一个小型公关公司，大概率是地产公司的关系户。

我们费了九牛二虎之力才拿下这个活动，活动总价是15万元，是我接到过的最大型的活动，而且客户报价极其大方，预估我们这场活动的利润有10万元。所以，拿下客户时，我和宇航还吃了顿烤鸭以示庆祝。

这个活动有个非常大的风险，就是资金问题。客户只愿意支付20%的定金，也就是3万元，但是要求我们先行垫付客户住酒店的费用，将近5万元。

也就是说一分钱没赚的时候，我要先倒贴进去2万元，才能接下这场活动。一开始我很犹豫，宇航却强烈要求把活动拿下，毕竟这个利润太肥了，最后我也忍不住诱惑，签下了合同。

很不幸，这场活动进行得并不顺利，纰漏非常多。主持人念错了一个关键领导的名字，有些菜上桌的时候已经凉了，摄影师在最关键的颁奖环节拍摄镜头虚焦了，遭到客户的投诉。

出这么多问题，说实话还就是我们的错。因为我们当时没有承办大型活动的经验，要照顾的事情太多了，我又一直出差，活动基本都是宇航操办的。我们低估了大型活动的组织难度。

而且，客户本来要求在活动前一天晚上彩排一次，可是彩排的话我们就需要先跟各个供应商打招呼，让他们多来半天时间，需要支出额外的成本。最后我耍了个小聪明，把彩排时间安排到活动当天的下午。晚上活动，下午彩排，我向客户保证不会出问题。

结果是我被客户骂得狗血淋头，客户直说了：不给结账，你去法院告我吧。

这下废了，我只收了3万元定金，但支付了5万元的酒店费用，供应商那边5万元的费用还没支付。算下来我亏了7万元。

我每天找客户，求爷爷告奶奶希望他结账，甚至跟着客户上下班，几乎丢掉了全部的尊严。

有一次我得知客户参加饭局，直接堵在他们的包间门口要钱。客户当着所有人的面说：你给在座的每一位都敬一杯酒，就给你钱。在众人的哄笑和指点中，我二话不说，端起酒杯，就轮流敬酒，干一杯，说一句"抱歉"，干一杯，说一句"抱歉"，敬了一圈。客户当晚就把剩下的钱转给了我，一分钱没有扣。

这是我很屈辱的一次经历。但是，我也说不出什么委屈，毕竟我们犯错在先，确实没有给人家服务好。

经历了这次事件，我开始讨厌活动策划生意了，我不想做了。

51 生意和生意之间是不公平的

祸不单行，这时，我发现宇航开始有背着我接单的情况。

他偷偷接的倒也不是什么大活。比如有客户想找一个主持人，微信去问宇航，他就会直接把谈好的主持人推给对方，自己吃个差价，而他并没有告诉我这件事。

虽然差价一般只有两三百元，但是我们一开始约定好的，就是所有的活动我们都是五五分成。我认为他至少应该知会我一声，毕竟客户最早是我拉来的。

后来，这样的事情又发生了两三次。我知道，宇航这是打定主意背着我偷偷赚差价了。这说明他翅膀硬了，有了单飞的打算。如果我挑明，他有可能直接选择散伙。

当然这是我给自己种下的苦果，一开始我就想到，我把老客户都留给他来维护，长此以往，他肯定就不再需要我了。

我意识到这个生意可能要做不下去了。但至少现阶段，接到大型活动，宇航还是会跟我分成的。所以，我就跟宇航说，最近咱们老客户挺多的，我这边就先暂停寻找新客户了，我们先加强与老客户的联络。宇航当然只能同意。

一方面，我不再浪费时间去找客户；另一方面，我开始在微信上与老客户沟通，这样就断了宇航偷偷吃差价的念想。而且，由于我不再去获客了，相当于这个生意我什么都不用干，现场全让宇航去跑，我吃白食，不干活光拿钱。

由于我不去找新客户，所以我们的收入也慢慢下降了，从一个月10万元流水降到了5万元。眼看着收入还要降低，而且我这边还什么事都不去做，宇航心里肯定着急。

没过两个月，他就坐不住了。他跟我说，收入下降得这么厉害，咱们还是继续找客户吧。他提了几次要求，我都应付过去了，直到有一次，我说我现在很忙，这个生意我照顾不过来了，我给你两个选择：第一，以后我拿小头，你拿大头，生意我不管了，一年后我自动退出；第二，你给我一笔费用，我直接退出，客户都交给你。

我之所以有底气这么提，是因为我手里还攥着几个大客户，这几个大客户是我辛辛苦苦谈下来的，他们只认我不认宇航，这些客户每月都能带来几万元的收入。

宇航考虑再三，最后决定给我一笔钱让我退出，我也把客户都委托给了他，同时跟宇航约定，再有客户联系我，我必须介绍给宇航。

这桩生意，到此就算结束了。

现在复盘这个生意，其实从开始到最后结束，我觉得自己并没有犯下明显的错误。

一开始看好这个生意，到后来接触到生意的本质，慢慢开始不喜欢这个生意，这些都是探索生意的必要过程。包括合伙人宇航，如果没有他，我可能在探索这个生意几个月的时候就放弃了。

最后总结一下吧。活动策划生意让我明白了一个道理，这个道理在我做投资的时候同样适用：**生意和生意之间是不公平的，付出同样的努力，有的生意更容易赚钱。**

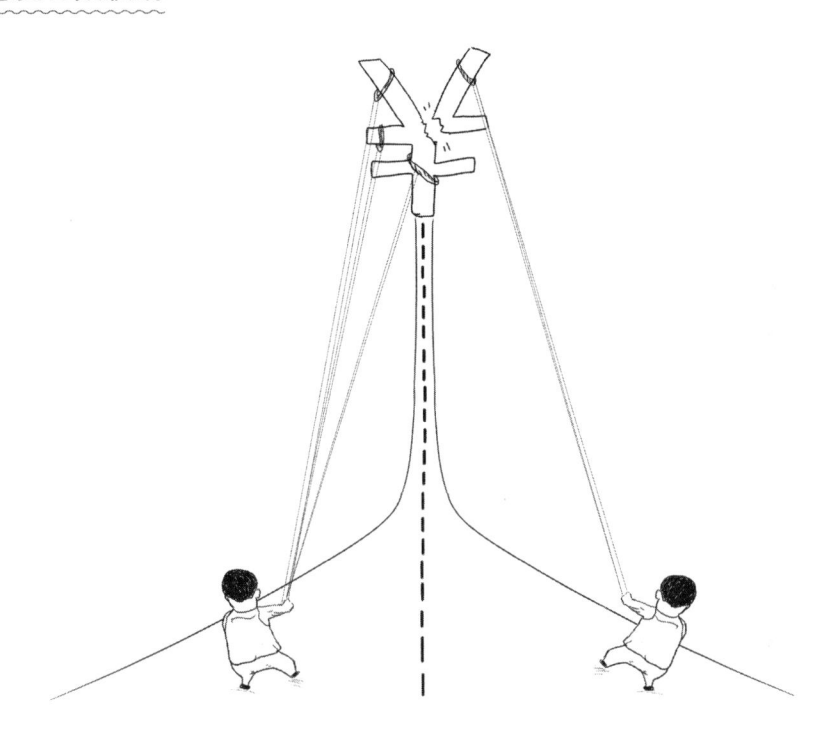

小王做培训，先收钱后提供服务；小李做工程，要给客户垫付3个月的款，公平吗？做培训生意累还是做工程累？做培训生意赚钱多还是做工程生意赚钱多？

生意和生意之间是不公平的。

如果你的目标是赚钱，请务必选择一门好生意。

52 舞蹈培训生意的玩法

其实，我早就瞄准了下一个生意。

我在做活动策划生意时认识了雪姐。雪姐以前是一名舞蹈演员，年龄大了没法跳舞了，就打算开一家舞蹈培训班。她当时刚开始创业，找到我，让我帮她做了一个小小的开业仪式，活动价格是5000元。

跟雪姐的合作很愉快，雪姐非常会聊天，所以即便活动结束后，我也一直跟雪姐保持着沟通，属于为数不多的我亲自来联络感情的客户之一。

我想男生多多少少有在漂亮女孩面前吹牛的习惯吧？而雪姐的厉害之处，就是她不仅漂亮，而且特别擅长让男人在她面前吹牛。跟她聊天，总会给我一种"哇，原来我这么厉害，我太强了"的感觉。

在雪姐的配合之下，我把我这几年的创业经历全盘托出，分享给了雪姐。雪姐也经常与我交流她做舞蹈培训班的现状。

雪姐的培训班定位是教成人舞蹈，舞种是古典舞和民族舞。如果你学过跳舞，应该会知道。民族舞一般是教小朋友的；成人学舞蹈，通常更喜欢跳爵士舞或者街舞这种更符合现代年轻人审美的舞蹈。

雪姐的思路是：市面上教小孩子的培训机构已经太多了，教成年人的还比较少，所以她做的是一个蓝海市场。她在创业前也咨询了朋友，朋友们也都愿意报她的课程，表示支持。

但是，开业几个月后，招生工作不太顺利，连房租钱都赚不回来，雪姐很苦恼。

雪姐对生意的思考，犯了两个严重的错误：

第一，竞争激烈的行业，恰恰说明需求强烈。没有竞争的行业，不代表蓝海，恰恰可能是因为没有需求。

做生意最常犯的错误就是自以为是。自以为发现了什么崭新的商机，其实你能想到的主意都是别人玩剩下的。你想到一个创业点子，发现还没有人做，不代表你聪明，很大的可能是这么做的创业者都"死光"了。现实就是这么残酷。

第二，市场经济做的是陌生人市场。做熟人生意毫无意义，朋友对你做生意的态度，要不就是盲目支持，要不就是劝你说创业风险大，这两种意见都没有参考价值，因为你的朋友很难比你懂创业。

了解到雪姐的难处之后，一个生意点子逐渐在我心中成型。

我先综合考察了雪姐的特点，总结了两点：

第一，雪姐专业技能扎实，舞蹈学院毕业，在专业舞团做舞者多年，名头响亮；性格好，有耐心，气质优雅，作为舞蹈老师简直完美。

第二，雪姐没做过生意，对创业一窍不通，获客甚至全靠朋友介绍。

在我看来，雪姐就像一个烧得一手好菜但不懂经营的厨子，需要一位专业的经营者帮她，而我就是那个人。

雪姐做生意天真到什么程度呢？我举个例子。

为了节省房租，她的舞蹈教室开在了一个写字楼里，完全没有自然获客的空间。

雪姐自己印制了传单，雇兼职到附近的商圈去发，收效甚微。因为她对兼职没有任何监督，每次给兼职100份传单，让兼职去发一下午，就完事了，这未免也太高估人性了吧。

看准了这一点，我就正式向雪姐提出：希望与雪姐合伙。

我的提案很有诱惑力，我来帮雪姐获客，从我这里介绍过去的学生，我分一半的钱。

对雪姐来说，这是稳赚不赔的好事，她没有拒绝的理由。雪姐还很认真地拟了份合同让我签了。

实际上我非常有信心能立刻帮雪姐获客，因为我知道，北京的培训机构有50%的流量来源是线上，也就是来自美团网和大众点评网，而雪姐对此竟然一无所知。我曾经善意地让雪姐关注一下线上流量，她却总是说看不懂。

谈好合作模式后，我就花将近1万元钱开通了美团网和58同城网的会员，开始线上引流。

不到一个星期，客户的询价单就涌了过来。

53　如何做项目分析

随着这些年的成长，我做生意逐渐有一种"上道了"的感觉。我能看出什么生意好做，什么生意难做；生意怎么做好赚钱，怎么做赔钱。

雪姐做生意，实在太外行，我走进她的舞蹈教室，就能感受到浓浓的"菜鸟"气息。

她的办公室布置得非常漂亮；门口等位的椅子500元一把，办公桌用的都是欧式风格的；室内有进口的布偶玩具、昂贵的相框，连自己的奖杯都专门打造了一个架子来放置。还花了5000元钱搞了开业仪式，布置了花篮、气球。

门店布置得漂亮，对吸引顾客确实有好处，可是**在开业初期，创业者的资金和精力都有限，把有限的资源花在装饰和布置上，其实是女性创业者常犯的错误之一。**

做生意的目标是赚钱，而不是满足自己的审美。

我认为，雪姐的生意至少有三个盈利点：

第一，正常的开班授课。

第二，空闲时间出租舞蹈教室。

第三，舞蹈的编舞和排练。

重中之重当然是舞蹈培训课程。雪姐已经有了完整的课程体系，她自己又是非常优秀的老师，这个课程产品的质量是过硬的，关键是看怎么卖。

我调研了周边 5 公里所有的舞蹈培训机构，做出了一张 excel 表，将每个机构的课程重点内容、时长和价格标注清楚。我用这个表格给雪姐解释，希望她降价 30%，我知道舞蹈培训的潜在客户会比价，我们的价格必须比大的培训机构更有竞争力才行。

尤其是在生意的起步阶段，我们的客人太少了，在网上也没有什么评价，**顾客的认知度太低，降价是效果最好、见效最快的扩展生意的方式。**

在我开通大众点评网和美团网的第三周，就陆陆续续有客人上门了。在 10 个访客里，平均有 3 个能交定金，这样的转化率是非常高的。

同时，我在 58 同城网和一些场地租赁的 APP 发了出租舞蹈教室的帖子。雪姐那里有两间教室，1 大 1 小，以我们目前的客户量，教室是用不满的，大教室 1 个小时的租金有 150 元，可以补贴开销。

我还利用以前的关系，在 QQ 群和微信群里招揽编舞的生意，帮助想参加年会的小姑娘排舞，接一个单子可以收几千元钱。

自我接手营销工作 1 个月，每天上门的询单平均有 10 人左右，虽然客单价降低了，但还是把雪姐高兴得不行。

其实我每天都在烧钱打广告；而对于雪姐来说，不仅课程价格降了 30%，还要给我分 50% 的收入，算上房租成本和前期投入，也就是刚刚打平而已。生意看起来热闹了，但是我们都还没有真正赚到钱。

我们周末总共安排了 4 节课，在周六和周日的下午和晚上。到第二个月，周末的课程就报满了，雪姐一个人教课，累得要死。

我建议雪姐去找以前的同学、同事来兼职做舞蹈老师，按课时费给钱。

到了第四个月，我们的课程价格慢慢上涨，满课率80%以上，我们的月收入做到了10万元以上。我本人当月进账5万元，刨去我个人支出的2万元营销费用，净赚了3万元。

接下来我们面临的问题就是：场地不够了。

雪姐租的商务楼办公室，面积100平方米，分成了1个办公用房间，1个大舞蹈教室和1个小舞蹈教室。

由于课程都集中在周末和工作日晚上，所以能容纳的学员有限，我算了笔账，按照目前的客单价，月收入达到15万元是我们的极限，想扩张，只能再增加舞蹈教室。

这时，我和雪姐产生了分歧：雪姐希望扩张教室面积，而我不同意。

原因很简单，我们的合作到目前还算顺利，但是有一个隐患：我赚的钱比雪姐多，风险还比雪姐小。

每月10万元的收入，我分到5万元，刨去营销成本，还能剩3万多元，而且一旦生意出现风险，我的投入随时可以停止。雪姐看在眼里，心里应该早就想到这些了。

我能说什么呢？生意和生意之间是不公平的呀！

雪姐的生意是我盘活的，但是现在雪姐觉得不公平了。她暗示过我多次，希望按照利润来分成，而不是收入。但是我每次都搪塞过去，因为我心里清楚，按利润分成，我的风险就大了，我不想承担雪姐那部分房租成本。

我们的矛盾就在于此。

雪姐希望借这次扩大教室面积的机会让我投资入伙，而我不愿意。毕竟，这是雪姐的生意，不是我的。雪姐是灵魂人物，没有雪姐授课，这个生意根本搞不起来。所以我在这个生意中没有主导权，我不喜欢做没有主导权的事。

如果这次我入伙投钱了，下次雪姐想花 2 万元买一个实木办公桌，我同意还是不同意？

所以，我坚持自己的主张。我不合伙，我只是一个销售渠道，这个生意是你的，不是我的。要增加场地面积，是你的选择，不是我的。我只负责引流，如果你认为自己不需要我的流量了，我退出便是。

这话说得很重了，相当于挑明了我们之间冰冷的利益关系。

从此以后，雪姐再也没有跟我提过合伙的事，并且她开始主动学习我是如何引流的，我看在眼里，心里清楚，她动了把我甩开的念头。

你见过老板跟销售总监抢生意的吗？

其实这真的非常非常常见。

54 生意最难的，永远是人

由于我不愿深度合伙，我与雪姐产生了分歧。

自那以后，雪姐逐渐开始介入销售环节，我拉她进了我所在的一些QQ群和微信群，同时她也在学习如何使用美团、大众点评和58同城。雪姐招募了一个兼职销售，还从老家找来了一个亲戚小弟弟帮忙，完全照搬我做销售的法子。

我看到这里，心里感觉是凉凉的，不过我也理解雪姐，就像我说的，这是她的生意，她想怎么做就怎么做，我只是一个销售渠道而已。

真正的矛盾引爆点，是一个学员的退款。

一个女孩过来交了全款，一直没有来上课，我们通过电话、微信联系她，她都不回复。

虽然她没有来上课，但我们课程的名额已经留给她了，场地本来能容纳5个学员，那一期的位置留给她了，她却一直没有出现。

直到课程结束后一个星期的一个下午，她突然找上门，说自己没有上课，要求退款。

这个其实很尴尬了，如果还没开课，她要求退款，我们还可以理解，现在课程已经完成，怎么退呢？

零成本创业
——从0到1000万的创业解决方案

所有教育机构在签订合同时，都会列明学费不退，但是如果在开课前学员要求退费，机构多多少少会退一部分，在课程完成后要求退费的着实少见。

当时我不在场，雪姐和一个兼职员工在，遇到这种无理取闹的人当然是拒绝。可是那姑娘早有准备，马上叫来了两个彪形大汉堵在门口，不一会儿，一个自称是警察的人打电话到雪姐那里，说有人举报我们这里诈骗，让雪姐解释一下情况，雪姐查了一下电话号码，还真的是公安局的座机，当时就吓傻了。

兼职员工也害怕了，背上包就走了。只剩雪姐一个人，她没有办法，把当天的课停了。

跟要求退费的客户沟通了半天，最后没办法，只能把费用退掉了。本来当天要来上课的学员看这个情况，也要求退费，雪姐没办法，也退掉了。

这对舞蹈培训生意是一个重大的打击。当时我在出差，事情发生时正在参加一个很重要的会议，我心里慌得不行，但也没有办法，事情都是雪姐处理的。

事后，雪姐停课两周，请假不知道去做什么了。我知道，她受到了很大的打击。我经历过，我知道做生意的时候受委屈是什么感受。

我经历过这些，我不怕，雪姐不行，她第一次做生意，她又是一个自尊心很强的女人，碰到这种事，恐怕要记一辈子的。

但是我没想到，这次事件却成为我们散伙的导火索。因为雪姐要求我承担全部退款成本，理由是这个学员是我招过来的。

我瞬间想起了当年做外卖代运营时，销售找我要分成的经历。只不过，当年我是老板，现在我是销售，身份发生了改变。

没办法，虽然我很生气，但也知道妥协。

此次事件后，我停止了广告投入，只依靠自然流量来获客。雪姐那边的销售做得怎么样我不知道，我这边的流量迅速下滑，我也不再去雪姐那边的办公室了。

又过了两个月，流量越来越少，雪姐也不再给我分成了。我们的合伙自然结束。

舞蹈培训生意到此就结束了。

复盘这些生意，我唏嘘不已。

我与人打交道的能力实在太差了，尤其是与合伙人沟通起来，非常强势、不讲理，总是希望主导一切。

不论是活动策划生意，还是舞蹈培训生意，<u>如果我愿意妥协一些，愿意跟合伙人好好聊聊，愿意多信任对方一点，我们仍然可以继续合作，甚至能发展成一辈子的合伙关系。</u>

回想过去，自己真的太幼稚了。

不论是宇航还是雪姐，都是很靠谱的合作对象，错在我。特别遗憾与他们散伙。

现在我已经成熟多了，懂得包容别人，愿意吃亏，能受委屈。可惜当年的合伙人再也回不来了。

当然，这里最要感谢的，就是我外卖生意的合伙人小强。无论我如何折腾、态度怎么差，小强一直不离不弃，稳稳地守着外卖店，不曾有一丝怨言。

那么外卖店的经营状况怎么样了呢？

55　渡过外卖生意的危机

在 2016 年，我的外卖店遇到了一次巨大的挫折。

2016 年 "3.15" 晚会曝光了饿了么黑作坊事件。对所有外卖店经营者来说，那段时间都是痛苦的回忆。当时我们的外卖店已经搬到了附近的美食城，美食城里有五十多个商家，全是专职做外卖的，没有堂食。

曝光后的第二天，美食城所有店铺都被下架了。

那段时间，外卖平台上只有麦当劳这种知名品牌可以保持在线，其他所有外卖店都不能上线。尤其是我们这种只有外卖没有堂食的店，是高危风险户，完全无法营业。

三天以后，美食城经理提醒我们可以上线了，所有商家都开心地欢呼了起来。结果只开心了不到半天，下午就碰到了有关部门检查，所有店又被关了。

之后的很长一段时间，外卖平台时而能上线，时而又被下线。

我们听说，有关部门进驻了平台，没事就检查。这样的情况持续了一个多月。

第一个星期，大家还满怀希望，觉得过不了几天就能恢复。

第二个星期，美食城里的商家开始焦虑、质疑：以后是不是就不让我们这些外卖店经营了？

第三个星期，陆续有外卖店撤摊，有的店连房租都不要了。有一个跟我关系不错的卖鸡排的大哥，直接租了个临街商铺开炸鸡店了。

第四个星期，不少商户绝望了，美食城里有1/3的店都关了。我的水果外卖，通过平台获得的收入几乎降为0。

收入的短期下降还好说，更要命的是，我的合伙人心态崩溃了。与其他外卖店店主一样，在第三个星期的时候，他动了回老家的念头。

我理解他的想法，因为我的收入来源是多样性的，他的收入却全都依赖这家店。而且，他的梦想就是攒够钱回老家开店娶媳妇。我不知道他存了多少钱，但是我们这两年下来，每个月他至少也能分到2万元左右，好的月份还能3万元以上。

在我们被关店时期，他多次"安慰"我：没事，不用担心，实在不行我就回老家了，不用替我着急。

哥！听你这话，我才着急啊！

还好，一个月后，经过整顿，合格的外卖店总算能重新经营了，小强才踏实下来。但是，可能是这次关店的经历在小强心里埋下了回老家的种子，关店事件后没过两年，他就真的回老家了。

当时如果我重新找人经营，我的店仍然可以每月带来稳定的现金流。可是当时正值我经历我的第二次膨胀时期，当时的我看不上外卖店的这点收入，所以就把这个店放弃了。

现在想来，后悔不已。

最后再聊一聊这次关店风波给我带来的好处：它让我意识到了私域流量的威力。

还记得吗？以前我处理差评时，经常会加客户到微信上。在我们被关店第二个星期时，有客户从微信上联系我下单。

我顿时有了灵感，我们后台可以看到客户的联系方式，我可以通过手机号联系客户的微信，引导客户在微信上下单！

我和小强每天都会添加客户的微信，添加不了了就用手机群发短信，靠着这个方法，我们比其他外卖店要强不少，每天都能有流水。

再加上我当时正在用微信做活动策划生意，这时我彻底意识到：最强的经营武器，就是我们手机里的微信！

自此以后，我会想尽一切办法把客户留存在微信上。

56　相亲号生意

介绍一个我做得比较久的生意：相亲号。

我做投资时，参与过一个婚恋网站的融资项目，企业方的其中一个高管后来独立创业，做了一个北京地区的相亲项目，我当时有幸体验了一下这个产品，突然发现这真是一个不错的生意：

第一，介绍对象是刚需，一线城市单身男女比例特别高，有庞大的需求。

第二，介绍对象的生意不需要任何成本，是最纯粹的中介生意。

第三，做这个生意甚至不需要你有任何专业技能，促成别人在一起这事，真不需要什么本领。

我调查了一下这个生意，发现做相亲号的人真的非常多，仅北京一个城市就有多达上百个相亲项目在运营。

相亲的主力人群集中在25～40岁，他们的付费能力很强，客单价在几千元到上万元之间。

我考察了一段时间后，决定上手试一试。我先做了公众号，然后在本地论坛、贴吧、微博、豆瓣网等地方贴广告进行推广。具体做法是老生常谈了，和以前做生意是一样的流程。

在一线城市，关注相亲的男女比例大概是3∶7，女性多一些。线上的盈利模式主要就是卖微信号、卖群、卖会员，线下的盈利模式是办聚会、开高端 VIP 会员等。

公众号主要更新两块内容：一是优秀男性、优秀女性的资料简介；二是关于恋爱、婚姻方面的文章。你找来任何一个相亲公众号，内容差不多都是这一套。

这个项目做了几个月后，我发现如果相亲项目想收高额的费用，必须举办线下活动，用线下销售的方式来说服客户掏上万元的费用。可是我真的不太喜欢组织线下活动，这个项目我就一直做不到暴利的水平。

相亲项目绝对是我这些年做的生意中最简单、最好赚钱的一种，而且需求永恒，还不需要你有任何专业技能，绝对是零成本创业的宝藏项目。

这两年我一直给社友推荐相亲项目，有很多人都靠着相亲号实现了月入 3 万元以上，最多的已经做到月收入接近 20 万元。

如果现在把我的资产全部拿走，把我扔到一个陌生的城市，让我从头再来，我会选择做相亲号。

到此为止，我做各类项目的思路其实都介绍得差不多了。聪明的你，大概也明白我是如何赚到钱的了。

但是，我发现自己陷入了一个困境：我的每一个项目都卡在了月收入 10 万元的水平。月收入 10 万元就是我做一个生意的极限，无论如何都突破不了。

我的精力有限，同时兼顾 3 个项目几乎不可能，大多数时候我只顾得上 2 个项目，这还是在我有合伙人帮助的情况下做到的。那么满打满算，我一年也就是赚 100 万元左右，这也是我这么多年的实际情况。

我不满意。我想赚更多的钱，比如 1 个亿。

我知道，我的问题出在没有团队。

我是一名个体创业者，个体创业者有独特的优势，比如自由，不用担心冲突、矛盾，不用考虑合伙失败的问题。但是，个体创业也意味着"小"，做不大。

就我的经验，1个人的情况下，月入10万元就是极限了。想做大，必须有团队。

我的性格恰恰不太适合与他人相处，我从来没有坐过办公室；在学校的时候连宿舍都不爱住，读书时，同班同学下课后都会一起走路回宿舍，我从来都是一个人独行。

我是天生的独行侠。做生意时，我也吃了独行侠的亏。我几次生意合伙失败，归根结底，都是因为我的性格问题。

我决定鼓起勇气，克服自己的缺陷，搞把大的！

57 创业是场无限游戏

2018 年时，我已经不满足于做一个个体创业者，想做大生意了。

当时，我还处于在职状态，我非常喜欢我当时的公司，我热爱投资工作，敬佩我的领导。我的工作不用坐班，每天都能学到新东西，我想天下再也没有比这更爽的工作了。

不曾想，意外来临，我们公司因为不小心违规而受到监管部门的处罚，不能再做新项目了。

有几个月的时间，我们这些做项目的人员都赋闲在家，每个月白领工资。

这对"摸鱼"的打工人来说是天堂，对我来说就是折磨。每个月都能白领工资，我其实并不开心，还会有负罪感。虽然不用上班做项目，我可以专注于自己的生意。可是我想干活啊！我想研究投资，想去看企业。

我当时内心再度膨胀了，我想赚 1 个亿。当时，算上股票、房产，我的资产已经突破了 1000 万元。我看不上每个月几万元的"小钱"了。

我萌生了做公司、租办公室、招人，做大买卖的想法。

刚好赶上我们公司的业务被暂停，我心一横：辞职！创业！All in！

这一次疯狂的创业，是我人生的第二次膨胀，也是我遭受的又一次重大打击。我赔了至少 50 万元，也耗尽了我积累的人际关系资源。

抱歉，这段惨痛的经历，我想暂时保密。不仅是因为经历真的太痛苦了，我不想分享，而且这个生意牵涉了太多我身边的人，实在不知道该怎么讲。

总之，我真的成立了公司，做的是和相亲、约会有关的项目，主要是想做一个 APP。不到一年的时间，生意崩盘，团队解散。

这次我受到的打击，是至今最严重的。

公司倒闭后，多年以来第一次，我手里没有任何生意在运行。

我打定主意不再经商，靠我积累的资产和投资技能，已经可以过不错的日子，我游山玩水、打游戏，逍遥似神仙，这大概就是传说中的"财务自由"吧？

我优哉游哉了半年时间，却发现这样的日子实在太无聊了。我打通关了所有自己感兴趣的游戏，甚至做了一阵子游戏主播。我去了所有自己感兴趣的城市，吃了所有想吃的东西，看了所有想看的剧。

接下来我该干什么？

2018 年下半年，我又手痒了，我想做生意。

这时我才发现，我变了。以前我做生意是为了赚钱。现在，我就是纯粹的爱做生意。 我爱赚钱，最爱的是有钱进入腰包的那一瞬间的感觉。它证明了我存在，它证明了我的价值。

2018 年下半年，我开始录抖音视频，写公众号。做到现在，我在全网大概有 200 万粉丝。有几万人加入了我的创业训练营，有数千人加入了我的千万社。

直到现在，我写了这本书。

我很幸运，因为这一次，我找到了自己热爱的事业。

我的创业旅途还在继续。

你呢？

下篇
赚到1000万的零成本创业法

看完上篇的"故事",再看这篇的"道理"。

这些道理,是我将自己过去多年的思考汇总而成的一个"创业思考集",是从0到1000万的创业信念系统。

你为什么要创业?

成功创业最重要的是什么?

创业有正确的路径吗?

……

这些问题并没有标准答案,每个人都会根据自己过去的经历、看到的故事总结出自己的"道理",这些道理,就是你的创业信念系统。

我把自己的创业信念系统分享给你,我依托这套系统,实现了从0到1000万的跨越。希望它同样可以帮助到你。

1 人生的第一个目标，是赚1000万元

（1）为什么是1000万元

为什么你的目标必须是1000万元，而不是100万元，也不是1个亿？

有两个原因：

第一是因为我确实赚到了1000万元，所以我可以讲给你听。

能赚1个亿，当然更好，可是我也没赚到啊，我怎么给你讲呢？

第二个原因，是因为1000万元这个数字是经过精确测量的，是可以改变一个人的社会阶层的数字。

比如说你赚了100万元，有什么用处呢？在小城市能买套房，大城市连首付都付不起。

消费稍微奢侈一点，比如换辆豪车、买一些奢侈品，100万元就剩不下什么了。它对于提高你的生活质量其实没有太大的帮助。

1000万元则不一样了。如果你需要改善生活，1000万元对一个普通人来讲，足够你贷款买房、换辆好车、购置奢侈品、周游世界，剩下的钱还足够你不工作生活很多年。

如果不想奢侈，把1000万元存在余额宝，一年也有30万元的收益，哪怕你每天躺在床上什么都不做，你的年收入也是当今全国人均收入的5倍了。

更厉害的是，你只要像普通人一样生活，不奢靡，不盲目投资，一旦你拥有了 1000 万元，钱就会开始自己生钱，你的资产收益会慢慢超过你的消费数额，你就可以进入一个我们称为"人生的快车道"的阶段，即靠资本收益来获取高速增长，这个阶段你必须要学习投资技能了。

这里要注意两点，我给大家强调一下：

第一，我讲的 1000 万元，是 1000 万元现金，是你能够靠自己的双手创造的 1000 万元财富。不是说你爸爸留给你的一套价值 1000 万元的房子，有价值 1000 万元的房子固然好，但是它不代表你具备持续创造价值的能力。一旦你出现投资失误，1000 万元花掉了，你如何再创造财富呢？而我讲述的创业内容，是让你具备赚取 1000 万元的能力，具备这种能力，即便有一天你的 1000 万元没有了，白手起家，再花 5 年时间，你还可以再赚 1000 万元。

第二，由于通货膨胀的存在，我们需要赚的钱会越来越多。比如，如果你在 5 年后，也就是 2024 年才听到我的这个分享，也许在这个时间，1000 万元已经不够了。20 世纪 90 年代我们讲万元户；21 世纪初我们讲百万富翁；2020 年，我们只讲千万资产；再过 50 年，也许只有亿万富豪才值得一提了。

最后，有人可能会对自己的能力有所质疑，自己学历不高，脑子也挺笨的，这辈子连 10 万元存款都不曾有过，你现在跟我讲赚 1000 万元，我自己说出来都不信啊。

在这里我可以拍胸脯跟大家保证，赚 1000 万元，不需要特殊的才能或资质，你可以一无所有，可以智商普通，可以没有学历。

那你需要拥有什么呢？

首先，你需要拥有成事的信念。在我接触的创业者中，多数人是不相信自己能赚到 1000 万元的，连你自己都不信，你怎么可能赚得到呢？一定要相信自己，因为相信，所以看见。

其次，就是你要拥有改变的勇气。对于绝大多数人来说，我讲的内容会击碎你过往的认知。如果你选择抗拒，那么你不会有任何改变。你必须尝试接受，并付诸行动。

（2）我赚到1000万元了吗

我一直认为，如果一件事情自己没做到，还要去教别人做，这是忽悠。

我赚到1000万元了吗？

读过本书前半部分我创业经历的人，已经了解我的故事了。

如果你直接从这部分开始读，那么我把自己的经历再向你转述一遍。

我叫彭楠，1990年出生，是一个北京人。我研究生读的是金融专业，学校是对外经济贸易大学。2015年毕业后，在一个业内排名前三的私募基金投资公司工作，职位是投资经理。2018年我辞职了，自己成立了一个公司，但不到半年的时间就倒闭了。之后我开始做创业自媒体，到现在，我的全网粉丝大概是200万人。

在我这前半生中，我对赚钱一直有强烈的欲望。

我第一次做生意可以追溯到16岁，读高二的时候，那个时候淘宝网在电视上疯狂地打广告，于是我开了一个淘宝店——卖女装。但是并不知道怎么经营，小孩子嘛，什么都不懂，后来专注学业，就放弃了。

读大学之后，没有了学业的压力，我开始疯狂地探索商业世界。比如做兼职，我在中关村卖过手机，在教育培训机构做过电话销售员，在证券公司营业部做过实习生，在街边小店做过店员，还有很多其他兼职经历我就不谈了。

上大二的时候，我与学生会会长谈了一门生意，从校外进了一批耳机，卖给要考四六级英语的同学。上大三的时候，我去批量回购毕业的学长们的杂物，比如淘汰的被褥、教材、台灯、衣服等，然后在校内进行二手销售。

很遗憾，这些小打小闹的生意并没有为我赚到太多收入，读大学这几年，我个人的存款从来没有突破过1万元。

我个人真正赚到的第一桶金，是读研究生后，我将自己的考研经历分享到了一个考研论坛里面，这段经历被一个民办大学的老师看到，于是他邀请我去他们学校做了名兼职的代课老师，课时费一开始是200元，之后涨到了400元，这对当时的我来说是很高的收入。

手里有了点小钱以后，我的脑子就活泛起来了，当时很流行一种叫格子铺的生意，我把手里的存款全部拿去投入到这个格子铺的生意上，结果是血本无归。

又过了差不多半年的时间，我再次做生意，开了一个水果外卖店，运气非常好，赶上了外卖的风口，我的店迅速成为本区域外卖水果的第一名。这个店持续经营了5年，为我贡献了上百万元的利润。

做水果外卖生意赚到钱之后，我很快又接触了外卖代运营的生意，这个生意来钱非常快，不到1年时间我就赚了将近100万元，但是这个生意有不规范的地方，很快就干不下去了。经过这两个生意的历练，我初步具备了一个生意人该有的素质，手里也有了些小钱。

之后，我不断更换和尝试不同的生意，比如做酒吧赔了20万，做吉他培训、做网站、做公众号等，都没赚到什么钱。但是在这个过程中，我确实积累了不少创业的经验。

研究生毕业后，我在业余时间经营生意的同时找了一个工作，这份工作为我打开了新世界的大门。我是做一级市场投资的，主要工作内容就是去考察全国各地各行各业的企业，有服装工厂、有饲料生产基地、有压缩机开发机构等。我有机会与各行各业大量成功的老板接触，以投资人的身份访谈他们，了解他们的生意经验。

我的经商经验突飞猛进，之后，我又业余做了许多生意，比如活动策划、舞蹈培训、买家秀等。这个时候我做生意的成功率就比较高了，基本上每个生意平均每个月都能给我带来3万～5万元的利润。虽然到最后也没有一个生意能够做大，但是积少成多，每年我也差不多可以赚到100万元。

到2018年年底，我统计了一下，我名下的股票、房产加现金，总共价值是2300万元左右，如果刨去资产增值不算，光是做生意赚到的部分，我相信1000万元肯定是有的。

这就是我这些年赚到1000万元的简单经历。

（3）赚到1000万元，不用拼爹

在我的经历中，你可以看到，我几乎没有动用任何长辈的资源。为什么呢？

因为我没有任何资源。我出生在一个普通的工人家庭，父母除了有一套公家分配的房子外，什么都没有，我的一切都需要靠自己的双手去创造。

这一年跟很多创业者沟通，他们普遍的怀疑是：赚1000万元哪里有这么容易啊，一定是要靠父母的，要人际关系的。

首先，不可否认，如果人际关系强悍，赚钱更容易。

你小叔是一个上市公司高管，你就有机会从小叔公司里分块业务外包，你的日子就能过得很舒服了。你二舅是本地某市政部门的干部，你去承包一

个菜市场也会很有优势。

可是，**如果你没有人际关系，这些生意你都搞不定，怎么办呢？**

你一定要到陌生人市场，到大家都不靠关系的市场，到市场经济中去赚钱。

如果你身在小县城，你身边所有赚钱的几乎都是熟人生意。

我去过洛阳附近一个县城，县里60%的服装店是三个老板控制的，这三个老板就是本地服装业的地头蛇，即便是像zara这样的国际品牌想进驻这个县城里的商场，也需要先去跟这三位老板打好招呼。在这样的地方，任何你能想到的能赚钱的营生，背后都有资深的人掌控，你的机会很少。

但是**如果你到大城市去，到一线城市去，遍地都是陌生人的生意，不管你的父母是农民还是医生，完全不影响你的发展。**哪怕有个人的爸妈是大城市的处级官员，能带给孩子的商业资源也是非常有限的。这里尤其推荐一下深圳，深圳发展不过区区30年，第一代深圳移民的小孩刚上大学，是100%的天然市场经济，任何人靠自己的奋斗都能在深圳闯出一片天，各行各业都公平得惊人。

当然，在小城市也不一定就完全没有机会。小城市如果不靠人际关系，你的机会就在网上，你只能做跨越地域的互联网生意。

其次，我们再来讨论运气对做生意的重要性。

我绝对不否认运气的重要性，事实上，大富靠命，小富靠勤。想要大富大贵，身家几亿，我认为你必须有点运气。但是赚取上千万元的资产，我认为还不需要运气的成分。

赚1000万元的难度，我来做一些比喻：类似于高考考入211院校，类似于进入大型企业做到中层管理者，类似于进入政府机构成为处级干部。

意思是说，赚 1000 万元当然很难，能赚到 1000 万元的人当然很优秀。但是，这种困难绝对不是只有顶尖人才才能达到的。

你可以说，考上清华、北大需要运气，做到国企高管需要运气，成为副部级官员需要运气，但是考入 211 院校、做到中层岗位、成为处级干部，真的只需要勤奋、努力、时间、智慧就可以了。

一场考试，考 100 分是绝对需要运气的，因为你一点错误都不能犯，但是考 80 分就容易多了，你的容错率已经非常高，这种程度的分数，基本可以忽略运气的随机性干扰。如果你考不到 80 分，那纯粹就是你自己不够用功。

不过，在这里我也稍微提一下，运气值其实是可控的。**运用你的聪明才智，你可以大幅提高你的运气，越努力，越幸运。**

（4）想赚 1000 万元，从何开始

先向你道个歉，这段内容看起来可能会有点残忍。

在你下定决心赚取 1000 万元后，需要做好主观准备和客观准备。

主观准备最重要的就是立志。什么叫立志？就是在自己心里树立一个赚到 1000 万元的志向。

听起来很无厘头对吗？

我们从小到大经常树立目标，比如长大了要做科学家、大学毕业后一定要进入投行工作、3 年内要买跑车，这些都是我们经常树立的志向对不对？不对。这些其实是你的愿望，而不是志向。

王阳明讲：人生须立志，立志当高远。真正的立志，包括坚不可摧的信念和脚踏实地的行动。

你能把这本书看到这里，说明你一定是想赚取 1000 万元的。

可是，这只是你的愿望。我再强调一遍，这只是你的愿望。

你发自内心地相信自己能赚到1000万元吗？也不一定。你可能只是想听听我是怎么吹牛的，看我能不能说动你。你是不是觉得自己离1000万元还是太遥远了？

立志，是一个人一辈子的大事，一个人在人生的一个阶段内只能有一个志向，甚至很多人一辈子只有一个志向。**你的志向会决定你的未来，你的生活、工作、爱好、时间，全都要为你的志向让路。**

你是否能够为了你的志向义无反顾地燃烧掉你的生命，浪费掉你的青春，哪怕最后甚至什么都得不到？

不疯魔不成活，才叫立志。

立志，是在自己心里树立一个信念：我，某某某，这辈子我就要赚到1000万元，为了赚到1000万元，我愿意付出我所有的努力。对，我要的就是这个态度。

而且，不管你是谁，我——彭楠，在这里向你保证：智商正常，只要能100%听从我的方法，照我说的做，一定可以赚到1000万元，这不是什么遥不可及的梦想。**2019年中国家庭资产超过1000万元的有198万户，为什么其中不能有你呢？**

好，主观准备做好，接下来是客观准备。

赚到1000万元，需要你身处一个灵活多变的市场，一个随时可能爆发的机会中，因此你最好不要待在死气沉沉的小地方，最好去一线城市闯荡。如果真的离不开小地方，那就把眼光放在互联网上。

赚到1000万元，需要你付出大量的时间，要做好未来5年，每天付出16个小时的准备。

如果你背负债款，家里每月还有大量的固定支出，你的累赘就太多了，对你赚钱非常不利。

我只能诚实地跟你讲，如果你背负的压力太大，赚到1000万元的难度就会非常高。

一个最佳的赚钱状态，是25岁左右的年轻人，虽然一无所有，但浑身都是胆，没有累赘和负担，有的是旺盛的学习欲望和取之不尽的精气神。

有勇气、有志向，没压力、没负担，这是很好的客观条件。

2　想赚1000万元，要选择正确的人生

（1）考上好大学，就能赚到 1000 万元吗

我是一个学习能力还可以的人，金融学硕士毕业，毕业的学校是一个 985 院校，学历还算可以。但是在我的同学中，我是一个非常彻底的"学渣"，考试经常低分飘过。我的同学们都比我聪明很多，一道数学题，我要解半个小时，他们 5 分钟就能做出来。而且，他们还比我努力，上大学时第一节课 8 点开始，我经常起不来床，所以第一节课总是翘掉，算是班里的一个异类。

然而，时光荏苒，我今年 31 岁，我比我的绝大多数同学都有钱。我绝对不会说钱是衡量成功的唯一标准，也许同学们各有追求，不过至少我得到了我想要的。

我们以 1000 万元作为衡量标准，似乎我的多数同学目前没有达到这个标准。为什么呢？因为学校是不教你赚钱的。

学校的用处是什么？

你有没有玩过即时战略游戏，比如魔兽争霸或者帝国时代？在游戏中我们作为战略指挥者，可以制造兵营，兵营可以生产士兵，低级兵营可以造低级兵种，如长矛兵；高级兵营可以制造高级兵种，如火枪兵。

这儿为了便于理解，我打一个不太恰当的比方，一个教育系统，类似于

零成本创业
——从0到1000万的创业解决方案

游戏中的这个造兵系统。中学毕业，那就是低级兵种；本科毕业，那就是中级兵种；研究生毕业，那就是高级兵种。兵种之间有什么区别呢？低级兵种的造价低，但是攻击力也差一点。中学毕业就去做蓝领，或者去送外卖，基础待遇5000元左右；本科毕业那就去做白领，基础待遇8000元。

明白了吗？中学和本科毕业之间的差距，就是初级兵和中级兵的差距，教育体系不可能稳定地生产英雄、富豪。教育的目标是培养出流水线化的成熟工种。这里当然只是打一个不太妥当的比方，没有任何评说的意思，敬请谅解。

因此，学习再好，哪怕是次次考试第一名，也没有办法直接换成财富。

从经济利益上讲，考一个好大学，可以让你成为高级兵种，让你的待遇从蓝领的保底5000元变成白领的保底8000元，让你的上升空间比一般的低级兵种大，但也仅此而已。

你是高级兵也好低级兵也罢，终究是一个兵，如果只是作为一个小兵，是不可能赚到1000万元的。

那你可能会想，既然考大学对赚钱没有帮助，那学习也就没有用了吧？错，考大学对赚到1000万元可能没有直接帮助，但是学习非常有用。

你可以这么来思考这个问题：你怎么才能赚到钱呢？出卖自己的时间、体力、智力，还有风险，这四样是我们个人能拥有的全部财产。人人拥有的时间都一样，体力也没法拉开很大的差距，而出卖风险一旦不慎失手，就是万劫不复。

只有智力，能够让人与人之间拉开差距。获得智力的方法，唯有学习。

学习不限于书本，看有营养的公众号文章、听专业人士讲课等，都是可以提高智力的方法。

不管你采用什么样的方法，你必须在工作之余坚持学习，坚持思考。

在赚钱这件事上，学历不一定管用，但学习肯定有用。

（2）拼命打工，能赚 1000 万元吗

我研究生毕业后，入职一家业内比较有名气的私募基金公司，做的岗位是投资经理，属于金字塔尖上的所谓金领。我入职实习时的工资是 9000 元，几个月后转正，变成了 1.5 万元。

我们这个行业主要不靠底薪吃饭，是非常依赖年终奖的。如果当年我们公司业绩好，做成了很多项目，那大家都能收到很多年终奖。光景好的年份，年终奖甚至是工资的好几倍；遇到不好的年份，年终奖也可能一分钱都没有。

这里给大家提供一个小技巧，当你在职场时，你要盯着你的上级领导，关注他的收入、他的上升天花板有多高。在我工作了一年左右后，我就开始琢磨我的领导这个职位了，我的领导的岗位是投资总监，相当于公司的中层管理者，他的月薪是 3 万元，年终奖跟我们是一样的，按照业绩分配。

我跟我的领导关系处得很好，从他那里我了解到了中层管理者的真实收入，好的年份能赚 100 万元左右，比较差的年份就只有工资收入，扣完税差不多 30 万元。

而在那段时间，我通过兼职做生意，每年的兼职收入已经有 50 万元到 100 万元了。我一算账，我领导已经 35 岁了，收入跟我兼职做生意差不多，如果我一直打工，即便混到我领导这个级别，收入也没有办法达到让我满意的水平。于是没过两年，我就选择了辞职。

在职场发展，有一个致命的缺陷，就是你的收入是有上限的。我们不考虑像腾讯张小龙的这种极端案例，普通人的职场收入平均在 5000 元到 5 万元之间，而能拿到 5 万元月薪的人凤毛麟角。如果你不在一线城市，不属于互联网、金融、房地产等高薪行业，能拿到 3 万元以上就已经是凤毛麟角了。我以前经常出差去工厂考察项目，一个 300 个工人的服装厂，厂长的工资平均在 2 万元到 3 万元，远远到不了财富自由的程度。

说完微观，再来看宏观层面。根据胡润富豪榜的统计，2018 年中国家庭资产超千万元的总共有 198 万户，其中企业主占比 65%，打工金领占比 15%，而这些靠打工获得千万元资产的人，均是获得企业股权的高管，伴随企业成长、上市，然后通过股权实现了财富自由，其实类似于企业主了。而通过单纯打工实现千万元资产的，基本没有。

所以，**我们可以得出一个很明显的结论：如果你的目标是赚到千万元，那你是不可能通过打工来实现目标的。**

当然，这里必须强调的是，不要以"赚大钱"为借口而不去工作。我听到很多人给我讲，打工是没出路的，所以自己要创业。可是你一定要清楚，一个有本事做生意成功的人，即便是去打工，也是打工者中做得最棒的那一类。

如果你打工都打不好，做生意就更不可能有出路了。

如果你在深圳打工，一个月都赚不到1万元，那你即便去做生意，成功的可能性也是极低的。

（3）学习投资，提高被动收入，能赚1000万元吗

我从高中毕业开始炒股，一开始只是小打小闹地投进去几千元，之后越投入越多，但是可怕的是，从18岁到25岁，我一直在赔钱，偶尔小赚，最后一算总账，还是赔的多于赚的。直到我工作之后，做了投资经理，了解了什么是价值投资，就像打通了任督二脉一般，领悟到了投资的真谛。

很多朋友聊到投资致富的时候，都希望在2003年买房，2013年买比特币，实现1年赚10倍的投资目标。但是很遗憾，在投资的世界，这只是幻想。

我来给大家介绍一下真实的投资世界是什么样子的。

以股票市场为例，100个账户中，有80个是赔钱的。100个频繁交易的账户中，有98个是赔钱的。我这里指的频繁交易，是一年反复交易30次以上的。也就是我们常说的短线，甚至超短线炒股。

是的，你没有听错，100个账户里98个是赔钱的。

其实这个残酷的数据很多人都知道，他们只是不信邪，他们被暴富的心理冲昏了头，没有办法理性思考。他们相信自己就是那剩下的2%，他们总是在人生的某个阶段自我感觉良好，认为自己掌握了某种其他人不知道的投资诀窍。

而残酷的事实也会一次又一次的教训他们，让他们血本无归。在投资的世界，知道自己是一个普通人，自己是98%，才是最重要的入门必修课。

这里给大家普及一下投资收益率的常识。

无风险收益率是2%～3%，也就是余额宝、货币基金等的收益。

企业债券的收益率是5%左右，这个债券就有一定风险了，比如最近出

现的北大方正债券违约事件，债权人很可能血本无归。

P2P理财收益率是8%左右，这个风险就已经很高了，P2P理财的资金最后经常去到了房地产信托。听到这里，有些朋友会质疑，说自己买的理财就有14%的收益。那我必须告诉你，你的理财资金没有爆雷，那是你的运气好，14%的收益率是绝对的高风险收益，机构跑路的风险极大。

股票市场的收益是12%左右，股票市场的风险比P2P理财的风险要高得多，我也绝对不会推荐没有投资经验、看不懂财务报表的朋友去买股票。大家一定要知道，买股票和创业一样，都是属于入门门槛很低，但其实隐形门槛非常高的事情。在什么都不懂的情况下一头扎进去的人，没有例外，全都是进去送人头的。

在真实的投资世界里，5年赚1倍的人已经是非常优秀的顶级投资高手了。所以，如果你还在幻想1年赚10倍，我的建议是：洗洗睡吧。

所以你看，如果想通过投资赚到1000万元，你需要达到什么要求呢？你手里有1个亿，那你一年有可能通过投资赚1000万元。怎么样，很气人吧？

现实世界就是这样的。**各位要记住，投资是有钱人的游戏。想要钱生钱，你得先有钱，这是很简单的道理。**

当然，投资技能我们一定要学，但不是现在学。在我们赚到第一桶金，赚到1000万元，具备钱生钱的资本了，那个时候，我们才要学习投资，而且那个时候我们必须学习投资。

（4）白手起家的两条路径

到底去选择什么样的人生，才能赚到1000万元呢？

根据我的人生经验，推荐两条路径：

第一个路径是婚姻，通过婚姻来升阶，是从古至今亘古不变的快速通道。

这条路听起来不是那么带劲，所以你所知道的某些知名人物是不愿意大张旗鼓地告诉你他是靠另一半升阶的。但是，倒插门有其内在逻辑性，尤其是现在的中国普遍是独生子女，如果顶级父母赚到了巨额财富，但是他们的女儿不具备掌控财富的能力，那么他们去寻觅一个优秀的倒插门女婿传承财富，是理性选择。

第二个路径就是创业。

不知道大家想没想过这个问题。为什么创业能实现逆袭呢？

还记得我前面讲过的兵工厂的例子吗？

我们从出生，到读书，到工作，就是一条被社会规划好的人生路径，在这个路径中，我们就像一个个被标准化生产出来的士兵，有的是初级兵，有的是高级兵，但总体来讲，大家都是兵，没有本质区别。

这是一个完整的社会系统，你要受教育、要工作，要结婚、生小孩，要交社会保险，以后要养老。在这个系统中生存，你就要遵守系统的规则，要朝九晚五上下班，周末可以休息，节假日走亲戚，要积攒工龄休年假，要用公积金贷款买房。

零成本创业
——从0到1000万的创业解决方案

系统给你生存的空间，但系统不允许你做出格的事情，大家要公平。所以，只要你依赖这个系统，你就不能跟别人有太大的不同，房子买多了就要限购，工资高了那就要多交税。

创业，就是打破规则，游离在系统之外；创业，就是创造自己的规则。

创业，是打造自己的商业模式，打造自己的经济系统，在这个系统中，只要你在合法合规的范围内，你说了算。

当你成为一个创业者后，系统没有办法再给予你任何保障，你挣不到钱，就会挨饿；你赔光了本钱，没有人会为你负责。你没有固定经济来源，所以生活的不确定性非常大。

在中国这个生态系统中，人均年收入是5万元到100万元，系统内除了极少数顶尖人才能突破100万元的极限值，99.99%的人都只能在这个区间里打转。

但是，你不在这个系统中。你的收入，可能是0，也可能是1000万元。

创业的生存概率看似很小，但谈到赚大钱，创业反而变成了成功概率最大的事。

那做什么能赚大钱？

那还是创业吧。

3 赚到1000万元的思维模式

（1）穷人的逻辑：我弱就是你的错

在你用自己的双手创造财富之前，首先要了解自己的思维模式。

穷人思维是最常见的思维模式，用这个模式思考的人，每天都生活在痛苦和贫困之中。

当他们做很多工作却只赚很少的钱的时候，他们喜欢抱怨老板黑心。

当他们买不起房的时候，他们骂炒房者抬高了房价。

他们总觉得自己善良，他们觉得自己贫穷就是因为太过善良。

他们觉得自己是好人，而那些跟自己过不去的人都是坏人。

他们觉得自己受了太多的苦，却得不到相应的回报。他们非常支持政府给每人分配一套房子，他们认为自己应该每年多拥有一些假期，工资也必须涨一点。

他们认为自己就是缺少机遇、缺少贵人，只要给他们一个机会，他们就可以一飞冲天。

……

什么是穷人思维？

穷人思维有两个特性，满足这两个特性的思维模式就是穷人思维：

第一，认可自己是弱者。

第二，认为自己弱就是因为其他人对自己不好，认为社会应该帮助弱者，而社会在这方面做得非常不到位。

一个认为自己是弱者的人，怎么可能赚到钱呢？

当你做生意的时候，如果第一个念头是"我要找个人带我飞，我要认个大哥"，那你完了，你这就是弱者思维。

创业，是创造你自己的世界。只有强者才具备这个能力。让别人带你飞，这仍然是进入别人的世界，怎么可能发财呢？

更可怕的是，用穷人思维思考问题的人，他们不认为自己弱得有错。他们认为自己弱得有理，自己是因为各种各样的原因才弱，比如家庭不幸、出身贫穷等；自己弱不怪自己，要怪社会；既然是社会的错，社会就理应弥补我的损失。

你看，穷人思维，把自己的弱合理化了。

记住，穷人思维是穷人的诅咒。想赚1000万元，你必须打破这个诅咒。

如何打破诅咒呢？

来，跟着我把这句话默念三遍：我穷就是我的错。我穷就是我的错。我穷就是我的错。

记住了吗？没记住就再来三遍：我穷就是我的错。我穷就是我的错。我穷就是我的错。

把这句话输入你的血管里，烙进你的脑子里，永远不要忘记。

（2）愤青思维：我弱就是世界的错

谁是愤青？

在网络时代，识别一个愤青简直太简单了。每一个键盘侠，隔着屏幕都能感受到他的愤愤不平的人，都是愤青。

愤青觉得社会充满黑暗和不公平，而自己是这种不公平的受害者。愤青不理解这个世界，他觉得世界上有太多他看不惯的事情。为什么只有他自己看不惯，而其他人好像习以为常呢？因为所有人都被腐化了，都堕落了，而他还仍然在奋力挣扎着。

愤青最生气的就是为什么富人总是浪费钱，而不去把钱捐给更需要的人。虽然他们自己也不会去捐钱，但他们有自己的道理——我是穷人，我没有能力捐钱。

愤青思维有三个特点：

第一，他自己是很弱的。

第二，他不会承认自己弱，他会说自己很强大。

第三，既然他很强大，为什么又很穷呢？关于这个问题，他们会这么给自己找借口：社会太黑暗，有钱人太坏，而我不愿意与他们同流合污，我是对抗世界的英雄，所以我虽然强大，但是没有太多财富。

愤青既可悲又可笑，他们其实只是纸老虎而已，愤青唯一能吓住的就是弱者，在强者面前，愤青是一捏就碎的瓷娃娃。

被愤青思维控制的人，会生活在愤怒和贫困中。

如何摆脱愤青思维呢？

愤青思维和穷人思维最大的不同点，在于愤青不承认自己是弱者，愤青认为自己很强。这其实是件好事，既然认为自己是强者，那么至少要为自己的行为负责任。

愤青需要做的就是一件事：与这个世界和解。是的，愤青需要接纳这个世界，理解这个世界，适应这个世界。

你觉得社会不公平，对吗？社会本来不可能做到处处公平，对你是这样，对别人也是这样。所以，接受它。

在大草原上，有的生物生来就是狮子，有的生物生来就是羊，这公平吗？一点都不公平。

你觉得有钱人都坏，是吗？

你能告诉我什么是善良、什么是邪恶吗？你又真正认识和了解了多少有钱人？而你眼中的恶人也许是他人心中的英雄。

学会接纳这一切，世界并不是非黑即白。

我们都生活在社会体系中，我们的价值依赖于社会对我们的评价。如果你认为整个社会是唯金钱论的，有钱就等于优秀，你不认可这个社会，你可以到荒郊野外去种田、养猪，自给自足，你可以主动脱离这个社会，你不是强者吗？

摆脱愤青思维，那就要学会与自己和解、与世界和解。

（3）文青思维：钱有什么用

读大一时，我是个彻彻底底的文艺青年，我喜欢写文章、弹吉他，还喜欢穷游。那个时候，我讨厌有钱人，认为有钱人庸俗。

我不切实际的幻想很快就被现实击得粉碎，我穿着30元钱的破毛衣，出去旅游只能住10元钱一晚的青年旅社。

每当我看到耐克鞋、看到五星级酒店、看到苹果手机的时候，总有声音在我脑海中回响，它在问我：彭楠，你真的不在乎钱吗？彭楠，你每天到底在干什么？彭楠，你可不可笑啊？

已经不记得是从哪一天开始，我幡然醒悟，我意识到，钱才是这个世界运转的真相。

钱，是一般等价物。在货币成为社会血液的今天，拒绝承认钱的力量，证明你要么幼稚到认不清世界的真相，要么懦弱到不肯承认世界的真相。

到了2021年，文艺青年越来越少见了，取而代之的是佛系青年。佛系青年什么都随缘，都顺其自然。谈起金钱，也是一种泰然处之的态度：有当然好，没有也可以。

我无意批判别人的生活态度，如果你确实对一切都无所谓，那是你的选择。只不过，**你一定要知道，你不在乎钱，钱也一定不会在乎你。**

如果你明明很在乎钱，只是用假装佛系来将自己脆弱的自尊心保护起来，那最后的结果是得不偿失，你不仅会穷，而且会穷到连自尊都没有。

除了佛系青年，还有一种文艺青年的变种叫"道德圣母"。道德圣母非常在乎自己的价值观正确，他们对某些领域的公众事务异常关注，比如环保、劳工待遇，农民是不是受歧视了，社会是不是公平了。他们总是试图把自己捆绑在一种宏大的命题上，以此来掩盖自身的弱小。他们赢得了价值观的胜利，却输了现实。

文艺青年的另一个变种，叫作"傻白领"。傻白领们好好读书、认真找工作、努力上班，还拼命考证。他们认真设计自己的职业规划，相信努力工作会有所成就。问题是，虽然总有人告诉你"不想当将军的士兵不是好士兵"，可是现实生活中，员工再努力，拿到的也只是属于员工的那份工资，这份工资永远无法让你实现理想中的财富自由。

那么好，我再强调一遍，每个人都有选择自己生活方式的权力，我无意批判他人的生活态度。我只是说，像文艺青年、佛系青年、道德圣母、傻白领这样的思维模式和行事方式，是没有机会赚到1000万元的。原因就是，这些人没有把钱放在他们生活中的第一位。

告诉你一个残酷的事实：对于普通人来说，生活中99%的问题，都是可以通过钱来解决的。

想买什么、想吃什么，花钱就行；家里乱了不想收拾，请保洁就行；今天累了不想出门，有钱就不用上班；突然听说喜欢的明星明天在深圳有演唱会，一张机票就飞过去了；父母年龄大了需要陪伴，你有充裕的时间陪他们，每年还可以带他们做全面的体检……

既然是这样，那么在人生的奋斗期，解决财富问题应该是你的头等大事。因为只要解决了财富问题，你生命中99%的问题就都迎刃而解了。

对于已经拥有财富的人来说，钱已经不是世界上很重要的东西。幸福的生活、健康的身体、和谐的人际关系更重要。对于还没有拥有财富的人来说，钱就是很重要的东西。你的人生处在什么阶段，你就应该追求这个人生阶段应该去追求的东西。

（4）强者思维

获取财富的正确思维方式是强者思维。

人赚不到钱，表面看是不够努力、不够聪明、运气不好、原生家庭不好，或者做的行业不好，但是更深层的原因是他人生的底层逻辑错了。只要底层逻辑是正确的，其他错误可以自我修正。

什么意思？比如我刚才说的几点导致你贫穷的原因。

第一，不够努力。那你为什么不努力呢？

第二，不够聪明。赚几千万元不需要太聪明。

第三，运气不好。运气值是可以人为提升的。

第四，原生家庭不好。这只会使你在 25 岁以前贫穷，以后的人生靠你自己。

第五，做的行业不好。那你为什么不换行呢？

任何导致你贫穷的表面原因，均可以在底层逻辑上解决掉。你之所以没解决这些问题，就是因为你的底层逻辑错了。

正确的底层逻辑是什么呢？就是强者思维。

什么是强者思维？

强者思维至少包括两点：一是自强，二是自我修正。

自强，可以分解为凡事靠自己和凡事怨自己。

凡事靠自己，就是自己对自己做的事情负责任，不依赖任何人。一个强者，在任何情况下都不会把希望寄托在别人身上。诸如谈恋爱时总是指望他人依附你，做生意总是希望有大佬带自己飞，贫穷就等待社会的救助，觉得自己有才华就单等着伯乐来挖掘，这些都是弱者。强者凡事靠自己，并对自己的行为负责。

凡事怨自己，就是如果生活中出现意料之外的状况，强者会归结为自己的错。考试考砸了，那一定是自己没有认真准备；做生意失败了，说明自己缺乏经验；钱包被偷了，怪自己不小心。

这就是自强，一切"锅"都是自己背。

第二是自我修正，可以分解为不断学习和不断反思。

不断学习，就是一直在了解新事物，总结新经验。强者永远会觉得一年前的自己认知很有限，因为他每天都在提升自己的认知能力，每天都比前一天要更睿智。

不断反思，就是在不断学习的过程中，反思自己的行为，修正自己的错误，弥补自己的漏洞，让自己一天比一天更强大。

自强和自我修正，是相互联系的。一个强者，如果犯了错误，他会怪自己，这叫自强；接下来，他会反思和学习，思考以后如何不再犯这种错误，这叫自我修正。

长此以往，强者会越来越强大，他可以掌控自己生活中的绝大部分细节，一切果都是自己种下的因所致，他犯的错误越来越少，所获得的成就就越来越高。

而弱者呢？弱者的生活如果不如意，他就会怨天尤人，等待他人的救助，更不会反思自己的错误。因此，弱者的生活永远被痛苦和绝望包围着，很难进步。

拥有强者思维，你就相当于拥有了打开财富之门的钥匙，可以解决你生活中的绝大多数难题。那么接下来，请你花5年时间，先解决财富问题吧。

下篇　赚到1000万的零成本创业法

4　赚到你的第一个1万元

（1）我是怎么赚到我的第一个1万元的

<u>在我读大二的时候，我开始意识到金钱的重要性</u>，拼命想办法赚钱，我倒卖过四六级听力耳机，还折腾过毕业学长们的二手货。卖耳机我基本不赔不赚，倒是最后压下不少货没卖出去，最后全送给学弟学妹了。倒腾二手货，我赚了大概不到3000元，这对当时的我来说是笔巨款，但是之后去旅游很快就花光了。

家里给我的生活费很少，吃吃喝喝攒不下钱。所以在我整个学生生涯中，我的存款从来没有超过1万元。当我看到有同学开车上学，有同学买一千多元的牛仔裤，而我想请女朋友吃顿必胜客都要好好算算自己的钱够不够时，我意识到了财富的重要性。

为了赚钱，我出去做兼职。我发过传单，打过销售电话，卖过手机。但是，当时的我并不具备一个生意人应该有的素质。我脸皮特别薄。我打销售电话，听到对方跟我说了一声"滚"，我回到宿舍郁闷了好几天。**整个大学生涯，我都在被金钱的欲望和没钱的痛苦折磨着。**

所幸当时还没有校园贷这种金融产品，不然我可能真的忍不住去贷款了。当时，唯一能够消解我痛苦的方法就是读书，我喜欢读经管类的书，读大佬的创业经历、读财经分析。当我读这些书的时候，我会有一种致富幻觉，这种幻觉包括："他能赚到钱，我为什么不可以？""这个思路很妙，只要我掌握了这个方法，很快就能赚到钱了。"我知道这样的学习态度不好，但这确实在一定程度上缓解了我的焦虑，并且让我掌握了更多的知识。

转折点发生在我考完研究生后，我将自己的考研经历分享到了一个考研论坛上。分享这个经历的目的主要是报恩——为了考上研究生，我长期泡在论坛上学习学长们的经验，而且一分钱都没有花，我对这个论坛抱有感激之情。

没想到的是，我的经验分享获得的反响不错，有很多人向我咨询。这个帖子偶然被一个民办大学的办公室老师看到了，他邀请我去他们学校做一个兼职的授课老师。

对一个大学生来说，最受欢迎的兼职就是做家教，家教的费用一个小时是 50~100 元，非常高。而我去做兼职老师的课时费是 200 元每小时，后期甚至给我涨到了 400 元每小时，我像抓住救命稻草一般，拼命地去讲课，而且我拼命的态度把其他人都吓到了。由于这个学校地点特别的远，其他几个兼职老师经常请假，而我则是有求必应，备课很认真、讲课态度也极好。

不到半年时间，就在我读研究生之后，我发现，我的存款在不知不觉中已经超过了 1 万元。

（2）月收入你要赚到 1 万元

一个月赚到 1 万元这么低难度的事，你要尽早完成。

做创业自媒体这一年来，我与很多渴望财富的人交流，让我吃惊的是，

零成本创业
——从0到1000万的创业解决方案

有很多30岁左右的人,连1万元存款都没有,甚至从来没有一个月赚到过1万元。

我听完心里很不是滋味,既然你渴望财富,怎么又连1万元钱都赚不到?

我从来不否认赚到1000万元很难,但是你要让我讲赚1万元很难,我真的说不出口,因为赚1万元简直太简单了。

有人会反驳,说2018年社会平均工资是月薪5000元,这是中国人的平均水平,你凭什么讲赚1万元很容易?

兄弟,你刚说了你对财富有渴望,你想有所成就,怎么真谈到收入,立刻又跟平均数做比较了?

吹牛的时候像条龙,来真的了,立刻变成虫了吗?

平均工资,衡量的是平均水准,这平均水平里有贫困县的穷困人口,有中老年人,有体制内只求稳定不求财富的人,你怎么沦落到要跟他们比较收入呢?

不要忘了,一个想创业的人,一个想获得财富的人,必须成为顶级人才,必须是为了财富愿意付出一切努力和青春的人,如果你真的有这样的觉悟,怎么可能一个月连1万元都赚不到?

你不仅要马上去赚1万元,而且要趁早。如果你现在还在上大学,那你要在1年内赚到1万元;如果你已经工作,那么你要在1个月内就立刻赚到1万元。

难吗?一点都不难。

巴菲特11岁就开始做报童送报纸,大学毕业的时候靠投资已经赚了100万美元。比尔·盖茨15岁就把自己写的软件卖给了自己就读的高中。乔布斯 19 岁在餐厅做服务员打工赚生活费。马云读大学时就兼职做家教。

赚钱的路子太多了。如果你喜欢在网吧待着，为什么不应聘个网管？如果你喜欢打游戏，为什么不顺手开个直播？你什么都不会，体力总有吧，做兼职干体力活，怎么就赚不来钱了？

如果什么都不会，连体力也不愿意付出，你就别再想赚钱的事情了。

一个渴望财富的人，如果连赚 1 万元都犯难，那可真是太令人伤感了。

（3）想要月收入过万元，只需两个步骤

只需要两个简单步骤，你就可以月入过万。

不卖关子，我直接公布答案：

第一步，买张火车票，到离你最近的一线城市去落脚。

第二步，找个送外卖、送快递的工作，拼命干。

完事，就这么简单。

我知道，有些朋友听完可能要气得跳脚，这谁不知道？

是啊，如果你想听什么赚钱秘诀，什么大佬指点你一下，就轻松月入过万元，在我这里找不到。

商业世界没有捷径，所有你以为的捷径，都是坑。 如果你不信我说的这句话，那你以后要交的学费可能就多了。

说回我们迅速月入过万元的方法，这个方法听起来简单，但真正能做到的人却不多。

首先我们来说这个方法靠谱不靠谱。

外卖主要是美团和饿了么，快递则多一些，有圆通、中通、申通、百世汇通、韵达、顺丰、京东、闪送等。

我们举一个比较权威的数据。2018年58同城网发布的全国送餐员数据显示，北京送餐员平均工资为8200元。注意，这是平均工资，按照一般概率推论，至少有20%以上的送餐员月收入是高于1万元的。骑手工作并不难找，只要是正常男性、会骑车，问题都不大。

所以，答案如此简单，你能做到吗？

有很多人问我"如何月入过万元"，今天这个问题我算是回答你了。

但是，我知道，很多人要的根本不是月入过万元。很多人要的是我就待在老家，每天朝九晚五、轻轻松松、不冒风险，如何月入过万？

那怎么可能啊！

有人说，我已经成家了，不能离开自己所在的城市，客观条件不允许。

请回顾我之前的内容，然后告诉我，为了赚1000万元，你愿意牺牲什么？刚看的时候好像打了鸡血，等玩真的了，要认怂了？

那么多人外出打工，你觉得是为什么呢？那些人都是为了财富而在拼搏。你如果只想窝在老家，就不要做发财的美梦了。

当然，我还可以给你几个折中的方案，供你参考：

第一，你可以到就近的二线城市去，如杭州、成都等城市的待遇不会比一线城市差太多。

第二，跑专车、工地搬砖等体力劳动均可以达到月收入过万元。

这里我们要把握的原则是必须去大城市。

当然，体力劳动是挣不了大钱的，如果你有擅长的技能，比如擅长写作、编程、设计，或具备某些专业经验，那么你当然要去做更适合自己的工作。万一你什么都不会，那么至少出卖体力也可以让你迅速达到月收入过万元的目标。

送外卖肯定挣不到 1000 万元，可是当你决定从头开始，到一个新的地方发展时，送外卖是你能最快获得回报的工作。

创业是有周期的，你不能指望一个生意今天开始做，明天就赚钱。我们总要生活吧？你需要挣钱吃饭，送外卖是最简单粗暴的解决方案。

（4）月收入不过万元，不建议去创业

我郑重地告诫你，月收入过万元是最起码的创业门槛。换句话讲，如果你认为自己打工做不到月收入过万元，我认为你创业的意义不大。

这话很难听，但这是对你最真诚的告诫。

我们普通人赚钱，无非靠这几样：出卖时间、出卖体力、出卖智力、出卖风险。

出卖时间。比如，看大门的、地铁安检员等，就是出卖时间。出卖时间的价格基本是每月 3000～8000 元。很多白领工作，本质上也是出卖时间。还记得我之前讲过的兵种理论吗？中专出来去做安检，月薪 4000 元；本科毕业出来去做白领，月薪 8000 元，本质上都是出卖时间，无非两者兵种不同，白领的生产成本高一点而已。

出卖体力。出卖体力的除了付出时间外，工作也会很辛苦。比如外卖小哥、建筑工人，因此，出卖体力的工作会比出卖时间的工作多一个"体力溢价"，出卖体力的月薪一般是 5000～20000 元。

出卖智力。这个工作是我们创业者要去做的，收益是从 0 到无穷大。

出卖风险。卖风险的话题比较复杂，这里我们先不讨论。

你看，这就是为什么我讲身心健康的壮年男性一定可以每月赚到 1 万元的理由。

因为"出卖体力"这项工作不需要你动脑子，不需要你有什么专业技能，只需要你吃苦耐劳。

有人说：我做过外卖小哥，一个月只能赚3000多元，根本赚不到1万元。那你有没有按照我上面的两个步骤来操作？

首先，你需要到大城市去。如果在小地方，你根本接不到那么多单子，当然不可能赚到1万元。

其次，到了大城市，只要你愿意一直跑，你永远有接不完的单子。你问我你为什么赚不到1万元，无非就是懒，不愿意多跑。

有人讲：做外卖小哥怎么可能赚1000万元？

我前面讲得很清楚，出卖体力的工作月均收入是5000～20000元，当然不可能赚到1000万元。想发财，必须依靠出卖智力。

出卖智力，是以出卖体力为前提的。就像出卖体力是以出卖时间为前提的一样，它们之间是递进的关系。

智力再高，也没有人能靠点子发财，你更需要的是强大的执行力。

比如我做一个创业自媒体，这算是出卖智力吧。可是我每个月要写10万字的内容，这背后更需要大量的阅读、思考和实践。如果你来做这个"出卖智力"的工作，你可能会觉得它比出卖体力还要辛苦。

简而言之，出卖体力你都做不好，出卖智力就更不行了。

而我即便去做外卖小哥，我也要做月入2万元的外卖小哥。既然目标是赚钱，那就应该拼命干。不是吗？

如果你月收入从来没有过万元，我建议你先老老实实打工，创业是世界上最辛苦的事情，不建议你去尝试。

5 赚到你的第一个10万元

（1）我是怎么赚到第一个10万元的

读研究生后，我通过做各种兼职，更重要的是，通过我的兼职讲师经历，我手里的存款在半年时间就突破了3万元。

但是，不幸的事情发生了：我开始有点飘了。

当年很流行一种叫作格子铺的生意，我当时经过多方考察，认为这是一个非常有潜力的项目，手里又有了点小钱，按捺不住内心的创业冲动，我盲目地开始做这个项目。租格子要季付＋一个月押金，然后还要去进货。两样加起来，我投入了好几千元。这对当时的我来说，算是一笔巨款了。

结局十分惨淡，我的格子铺经营没两个月，销量寥寥无几，甚至连第一批进货都没有卖出去。三个月后，我无力支付下个季度的房租，第一次创业就此惨淡收场了。

格子铺生意失败后，我失落过很长时间，天天吃喝玩乐，结果把我之前辛苦攒的钱都花掉了。过了很久，我才又萌生起做生意的心思，考察了很多项目，最后看准了外卖生意的商机。

当时做外卖和现在不同，那个时候是零成本的，用身份证申请就可以开店。这个店铺经营不到两个星期，流水就突破了1万元，我感觉自己挖到了一个金矿。

确认了这个商机后，我将全部精力投入到了外卖店的运营中，我的店铺一开始卖零食，因为零食不需要制作，我从网上进货，然后稍微加一点价卖出去。

没过几个月，卖零食的难度越来越大，我开始转型卖水果。不久，我发现卖果切比卖水果更赚钱（果切就是将新鲜水果切好之后，包装到便当盒里销售），顾客以前花20元钱能买到一斤芒果，现在花20元钱可以买到芒果、西瓜、葡萄、车厘子等水果拼盘。

现在，水果拼盘已经很常见，相信不少人在外卖平台都见过，但是在几年前，这算是一个小小的创新。

我店铺的流水很快就冲到了一个月3万元，我也开始雇用兼职，并在学校附近租了一个房子，专门运营水果店铺。

经过我的不断运营，克服了诸多困难，在不到一年的时间里，我的存款终于突破了10万元。

（2）一年之内赚10万元，只需要努力干

如何在一年内拥有10万元存款？前提是，你能做到每个月收入1万元。

一个正常男性，只要你愿意做出牺牲，从现在开始立刻行动，你最快可以在下个月就能通过自己的努力赚到1万元。

如果你现在还没有达到月薪1万元，我强烈建议你：合上这本书，立刻去干活。

当然，我知道。这个世界上绝大多数人都是"好高骛远""有着发财梦，但无法付诸行动"的人，大部分人心里隐隐抱着一丝希望，幻想能在哪里听

到什么发财的秘籍，然后"啾"地一下子，你就像被打通了任督二脉一般，可以赚好多好多的钱了。

我知道，有很多人，听别人说赚钱很激动，仿佛1000万元近在咫尺。

希望你不是这种人，希望正在看书的你，可以为达成自己的欲望而付出切实的努力，而不是把赚到1000万元当成一个虚幻的梦。

假设你能做到月收入1万元，那么，如何迅速在一年内拥有10万元存款？答案非常简单：无脑干！

我们普通人的工作时间一般是一天8个小时，在大城市比较拼命的朋友，一天的工作时间能到10～12个小时。那么，你想快速积累财富，我的建议是：一天工作16个小时。

有人说，一天工作16小时，这怎么可能？

给你说说我的情况。前面我讲过我开水果外卖店的经历。当时的我，每天白天都要上课，空余时间用手机接单，我经常需要在课间的时候狂奔回宿舍去发货。晚上回宿舍，我要分析数据、学习新的知识、进货发货。基本是满负荷运转的。

之后我做的一系列生意，基本都是每天用尽我的全部精力。

事实上，所有你看到的那些白手起家、创造巨额财富的人，几乎都是满负荷工作的人。特朗普20世纪90年代写过一本书——《像亿万富翁一样思考》，书中他给出的几个致富的建议中有一条就是：生意人永远不要休假。

在刘强东的自传《创京东》中，京东的员工、高管对刘强东印象最深刻的就是：爱喝酒，晚上经常找员工喝到半夜，但是不管他喝到多晚、喝得多醉，第二天早晨8点他永远会坐在会议室等着大家开早会。

当你听我的话，拼命干活赚到1万元月收入之后，你会发现，如果你再努力一些，赚到 1.2 万元也是有可能的，再努力一些，甚至赚到 1.5 万元也是可能的。你会发现一旦你开启了自己的赚钱引擎，这台引擎的动能是十分强劲的。

当然，我们谈一天工作 16 个小时，不是指让你送 16 个小时的外卖，16 个小时跑腿，这个工作强度一般人确实受不了。我建议你将不同性质的工作组合在一起。

常见的组合有：本职工作 + 副业，体力劳动 + 脑力劳动，固定工作 + 浮动兼职，等等。

比如，如果你本身有一份稳定的白领工作，那么晚上可以出去跑专车；如果你本身是一个油漆工，那么你可以在业余时间去拍短视频；如果你是一个外卖小哥，可以在空闲时间经营一个同城社群。

总结一下，一年内快速积累 10 万元存款的方法就是：在保证每月收入 1 万元的基础上，增加工作强度到自己的极限。

（3）让消费主义见鬼去吧

我们都是平民出身，跟富二代不一样，我们对金钱的渴望源于对金钱的饥渴。

有欲望，是好事。之前我谈到过不利于赚钱的心态，其中很可怕的一种就是佛系青年，佛系青年不肯承认钱的重要性。跟他们相比，我们至少有欲望，我们承认钱重要，而且我们非常需要钱。这种欲望会给我们带来动力，但它也有缺陷，它会让我们因欲望而患上饥渴症。所以，当我们刚刚赚到钱的时候，很容易就被我们自己的金钱饥渴症拖垮。

我读大学的时候，存款从来没有超过 1 万元，是严重的金钱饥渴症患者。

在我通过兼职赚到 3 万元之后，我立刻去换了新手机、买了衣服、去旅游、天天下馆子，以前 1000 元我可以花一个月，有点小钱之后，1000 元我一个星期就花完了。结果就是，没几个月，我赚来的 3 万元很快就只剩不到 1 万元了。之后我投资了格子铺生意，把仅剩的存款也赔光了。

在我们赚了点小钱之后，由于金钱饥渴症，所以我们很容易就掉入消费主义的陷阱中。结果就是我们永远也攒不下钱来。

有人会说：财富不是攒来的，而是赚来的。

这话说得没错，我完全同意。想赚 1000 万元，靠省钱是不可能的，但是，你仍然必须节俭，原因有两个：

第一，你必须拥有存款。存款是你安全感和自信的来源。你银行卡里有 10 万元存款，那么你即便一年没有工作，也不至于吃不上饭，这样你才有底气去创业。手里一旦没有钱，一旦你需要找别人借钱，你的生活就很容易陷入无限负债的循环中。

第二，你必须养成正确的财富观念。你要知道，你有多少钱都是不够花的。1000 万元很多吗？买一套豪宅或者一辆限量款兰博基尼就没有了。如果你觉得钱不要节省，有 10 万元的时候你花 10 万元，有 1000 万元的时候你花掉 1000 万元，那么最后你仍然是身无分文。

你一定要警惕消费主义的陷阱，降低消费支出，尽快攒到 10 万元存款。

（4）10 万元的存款，是你创业的门票

拥有 10 万元的存款，这是你做创业的门票。

我经常见到这样的人，兜里没有钱，但还是到处喝酒交朋友，动辄一顿饭吃掉几百元；没有存款，但还是要用花呗去买最新款的手机。这样的人缺

乏正确的财富观念。

财富是你的武器，是你的城墙。拥有金钱，你才不会被突如其来的变故打倒，你也拥有了足够的风险承受能力。能承担风险，你才有创业的资格。

对不起，绝大多数人根本不具备创业的资格。

那么，拥有10万元存款，是你能够创业的一个门槛。

创业的风险非常大，失败是正常的，成功是偶然的。赔钱是正常的，赚钱是偶然的。

当你决心开始创业时，你首先要做好一年不赚钱的准备。这10万元，就是你这一年的基本生活保障。有了这笔钱，你就有了试错的资本和时间。

所以，我之前给你讲的一切，就是拼命干活。**有技能的靠技能赚钱，无技能的靠体力赚钱，拼命干活，少消费，直到你拥有10万元存款。**

这个时候，我认为你具备了创业最基础的素质，以及能够创业的物质条件。

拥有10万元存款难吗？并不难。

按照我的方法，拼命干活，少消费。保证每月1万元以上的收入，控制每月支出在5000元以下。最慢两年，快的话一年就能存够。这段时间是你为筹备创业所必要的准备时间。这段时间，也足够磨炼你的意志，培养你吃苦的精神，让你养成每天工作16个小时的习惯，让你警惕消费主义。

如果你20岁进入社会，到大城市去送外卖，按照我说的做，做到22岁，你就拥有能够创业的资本了。

6　赚到你的第一个100万元

（1）我是怎么赚到第一个100万元的

经过一两年的发展，我的外卖生意逐渐稳定了下来，我的店成为周围5公里排名第一的水果外卖店，每个月我都会有5万～10万元的流水。我自己忙不过来，因此招募兼职来帮助我切水果、摆盘和送餐。在这些兼职的朋友中，我挑选了一个优秀的合伙人作为我水果外卖店的店长，负责我店铺的日常经营管理，而我则从每天枯燥的运营中解脱了出来。

我剩下的工作，主要是分析店铺数据，观察什么产品好卖，然后与顾客沟通，处理差评，等等。这些工作并不算特别忙，因此，空出的时间里，我开始思考有没有可能把生意做大。

我一开始考虑的是开一个分店，因此花了很多时间考察店面，想到其他地方再做一个水果店，但是由于有之前格子铺生意失败的阴影，我一直没有胆量出去再开一个店，看了好几个店面都放弃了。我的第二个思考是想去开一个实体店铺。最开始，我直接在宿舍里进货和发货，后来货品太多，我也赚了一些钱，我就在学校旁边租了一个房子；再往后，由于外卖平台的管理越来越严格，我就在附近的一个美食城租了一个摊位。我当时一直在想，我可以找一个底商，这样我除了线上生意外，还可以获得新的线下生意，但仍然纠结了很久,最后还是放弃了。

为了提升店铺的业绩,我当时也接触了外卖运营,很快我发现,外卖运营这一块很适合我来操作,而且我发现如果专门从事外卖运营这个生意,潜力非常大,以后可以服务更多的外卖商家。

于是,我开始一边经营外卖店,一边拓展了外卖运营生意。这个生意赚钱很容易,每个商家收费都是从几百元一直到上万元,而且这个生意开单率非常高,我手里握着数十万个商家的名单,前景无限。遗憾的是,这个生意由于平台政策问题,很快就被管控了。

我做这个生意不到一年的时间,赚了差不多100万元。再加上我做外卖店赚的钱,在我读研究生的这个阶段,我赚到了很多人10年甚至20年才能获得的财富。

当然,这之后我又犯了一系列错误,赔了不少钱。通过这些生意,我渐渐成长了,也慢慢参透了一些商业逻辑。

这就是我赚到100万元的过程。

(2)从1万元到10万元和从10万元到100万元的增长方式不同

想赚100万元,你需要学会收入指数级增长的方法。

你现在已经有10万元存款了,你每天工作十几个小时,除了赚钱,你对其他一切事物都不关心——这就是正确的赚钱状态。

前面我讲过咱们普通人赚钱的几个方法:出卖时间、出卖体力、出卖智力、出卖风险。

你现在无非就是这几种状态,稳定现职+副业赚提成,或主业繁忙高收入,或一直做高强度体力劳动。多数情况下,你做的工作都是出卖时间和出卖体力相结合的。出卖体力足够让你获得每个月 1 万元的收入，但是按照这样的赚钱速度，你赚到 100 万元至少要 10 年时间。很明显，我们不能接受这样的赚钱速度，必须要加速。

体力劳动是没有办法帮你加速赚钱的，它的极限就是每个月赚 1 万～2 万元。这个时候，我们必须去做出卖智力的工作。

不论是出卖时间还是出卖体力，你的收入上限都很低，因为人一天只有 24 小时。而智力工作和体力工作完全不同，出卖智力的工作，理论上讲是有可能实现无本万利的。比如我现在做的这个创业自媒体，我的书和课程只要打磨好了，不论卖出 100 份还是 1 万份，我付出的劳动其实是一样多的。因此你会发现，出卖智力和出卖体力非常不同，智力劳动可以带来指数级增长，体力劳动只能是线性增长。

那什么样的工作属于智力劳动呢？做老板是出卖智力吗？不一定。比如，你自己开了个早餐摊，它的智力主要体现在选址、进货、与顾客沟通方面。但是我们不难意识到，早餐摊本质上还是一个出卖时间的生意，你的多数劳动都是无意义的。比如，我做的水果外卖店生意，如果我一直是自己经营，那么这个生意的本质恐怕还是出卖时间，而大多数水果摊老板其实做的都是体力劳动。那为什么我成功了呢？因为我运气很好，我的水果店利润很高，高到我足够支撑自己招募兼职员工。

当我开始招募员工的时候，我的工作就从每天切水果、摆盘、发货等体力劳动变成了分析数据、管理员工的管理工作，而管理工作的本质其实就是出卖智力。

去做出卖智力的工作，要注意两点：

第一，你要知道什么是出卖智力。比如我前面举过的例子，做办公室的白领每天做 PPT 和表格，虽然看起来是智力劳动，但本质仍然是出卖时间。与此类似的是做一些简单设计的平面设计师，1 个小时出 1 张图，制作图的过程中几乎不用思考，这也是卖时间。只要每天做的工作是不太需要费脑子的，那就是出卖时间。

第二，光出卖智力是无法实现收入指数级增长的。你必须为自己的工作加杠杆。比如，"码农"如果在公司打工，虽然写程序是出卖智力的工作，但你的收入是无法实现指数级增长的。如果你花时间给自己写程序，那这个就是加杠杆了。一旦你自己的程序爆火，你可能会在非常短的时间内就赚到 100 万元。

如何给自己的智力加杠杆呢？我们现在常见的杠杆有管理杠杆，比如我做水果外卖店，如果做大了可以开分店，将店面覆盖全北京，只要我的管理能力强，管 7 个人和管 700 个人需要花费的精力其实是一样多的。有版权杠杆，你创造出一个程序、写一首歌、出一本书等，这些产品的所有权都属于你。

总结一下，想赚到 100 万元，你需要学会让收入实现指数级增长。指数级增长的方法就是做出卖智力的工作，并且要学会为自己的智力加上杠杆。常见的杠杆包括管理杠杆、媒体杠杆、版权杠杆等。

（3）做到年收入 100 万元的三大原则

当你按照我前面说的方法拥有 10 万元存款后，大概需要再花 1～3 年的时间，就可以赚到 100 万元了。

在这段时间内，你需要在三个基本原则下做事：

第一，零成本。记住，你现在手里有 10 万元存款，这是你一年的生活支出，不要拿去投资，否则一旦投资失败，你就又要从零开始了。

第二，做出卖智力的生意。你的生意必须是通过出卖智力来变现的，在未来必须是可以用管理杠杆、媒体杠杆、金融杠杆、版权杠杆来把生意放大的。

开饭馆不是出卖智力，做餐饮加盟招人开饭馆才是出卖智力；送外卖不是出卖智力，但倒腾电动车电池卖给外卖小哥就是出卖智力；街边摆摊不是出卖智力，但是卖小吃配方是出卖智力；做美食博主、写文章等，都是出卖智力。

第三，追风口。我这5年踩中了两次风口，2013年前后踩中了外卖的风口，2018年踩中了短视频的风口。中间我还做过活动策划、舞蹈培训等，虽然也赚钱，但都赚得非常累。想加快赚钱速度，必须踩风口。

但是，怎么才能踩上呢？其实，在风口起风之前，没有人知道什么是风口。比如在2019年年末，没有人知道2020年的风口是什么，别听那些做培训的吹牛说什么5G。这个世界没有人能预测到风口，就像没有人能预测股价一样，这个基本常识大家一定要清楚。

那怎么找风口呢？找风口的方法就是不错过每一个项目。比如2019年，有几个看起来像风口的领域，社区团购和社交软件我都尝试过了，但结果证明它们不是风口，很快就死掉了。那有什么关系呢，我也没有损失。**你必须保持对生意的敏感性，任何新的商业模式出来，你都要去研究、去琢磨、去尝试。只要不放过每一个机会，你早晚能踩中风口。**

总结一下：想赚100万元，你要在三个原则下做事，即零成本、出卖智力、追风口。

（4）爆赚 100 万元，开启新的人生

我是一个自卑的人，因为我从小到大，学习成绩都不算好，放在什么地方都不起眼。我真正获得自信，是从我赚到第一个 100 万元开始的。

不是说有钱会让人自信，钱会给你带来的自信其实是错觉，真正让你自信的，是赚钱的能力。

当我说我赚了 1000 万元的时候，经常有人会讲，1000 万元算什么，一套房而已；还有人讲，有人家里拆迁就分了几个亿。每当我看到富二代，看到拆迁户的时候，我总是谦逊地表达自己的羡慕，但说实话，我内心里没有任何佩服。

就像那句话讲的，凭运气赚的钱，会凭本事赔回去。拥有金钱一时爽，但不会一直爽，拥有大量金钱的快感，大概在半年到一年之后就会消失，随之而来的是空虚和恐惧，我经历过，所以我懂。

只有拥有赚钱的能力，才可以获得真正的自信与快乐。因为你知道，哪怕你因为什么意外失去了现在所拥有的财富，再给你 5 年时间，你一样可以赚回来。

当你从赚到 1 万元，到赚到 10 万元，再到赚到 100 万元时，你究竟会发生什么改变？

第一，你会相信拼命和努力是有用的。 你来到一线城市，每天干十几个小时，你很快就达到了每月收入 1 万元，这个收入超过了中国 95% 的人的收入。你明白，根本不需要什么赚钱秘籍，不需要托关系，只需要努力，你就可以月收入 1 万元。

第二，你会相信专注和坚持是有用的。 你 10 年如一日地拼命干，用最快

的速度获得了 10 万元存款，再看你以前那些穷困潦倒的朋友、那些负债的人、那些胡乱消费的人，会觉得不理解。你不会觉得房价遥不可及，即便在一线城市买不起房，再攒两年的钱，25 岁左右就可以在老家买房了，原来买房和买车并不难。

第三，你会相信知识的力量。 当你经过 3～5 年，通过出卖智力赚到 100 万元时，你会明白拥有知识就是拥有财富；拥有思考的能力，就是拥有赚钱的能力。通过出卖智力赚钱，你会明白为什么一个顶级人才的作用能超过 1 万个普通人，你会活得越来越通透，会想通很多以前想不明白的事情，对世界和商业的理解会越来越深刻。

这个时候，你便有了自信。即便你还没有 1000 万元，但你知道，只要你顺其自然地发展，赚到 1000 万元只是时间问题而已。

恭喜你，你脱胎换骨，变成了强者。

你看到有人抱怨赚钱难、抱怨商家坑人、抱怨老板坏、抱怨社会不公平的时候，你会觉得可笑。 当你亲手创造出财富后，你会明白，世界是如此美好，中国的机会是如此之多；我们生在最和平的年代，成长在发展速度最快的国家。在这里，**只要你勤恳、踏实、努力，就能获得财富，这样的机会在世界上是很少见的，你会感到无比幸福与快乐！**

7 赚到你的第一个1000万元

（1）我是怎么赚到第一个 1000 万元的

时间来到 2018 年，我做生意已经超过 5 年，工作超过 3 年。

年初，不幸的事情发生了，我的水果外卖店合伙人赚够了钱，决定回老家开个饭馆，我猜测他主要还是想回去娶媳妇。由于当时我已经几乎不参与外卖店的实际经营工作了，他走之后，我也尝试招了一两个店长，但是做得都不好，外卖水果店的业绩一天不如一天。当时，我的心思也早就不在水果外卖店上了，干脆就关掉了店铺。

这几年，我做了不少其他生意，比如开酒吧、舞蹈培训、活动策划等，当我琢磨明白做生意是怎么回事后，我发现我几乎做每个生意都能赚钱，只不过是赚多赚少而已。

比如，活动策划在运营好的时候，旺季每月能赚到十几万元，淡季也有 3 万～5 万元的收入。

我的另外一大块收入是投资赚来的。

2015 年，我研究生毕业，做的第一份也是迄今为止唯一的一份工作，就是做私募股权基金的投资经理，我们公司的主要盈利模式是去投资未上市企业的股权，等企业上市后卖出套现。我作为投资经理的工作内容，就是去不同的企业去考察。在这个工作中，我有两个巨大的收获：

第一，我有机会和那些白手起家、年产值上亿的企业老板直接交流，他们为了获取我们公司的投资，对我可谓是知无不言言无不尽，让我学习到了非常多的商业知识和各个行业的生意常识。

第二，我跟着领导学习了非常多的投资知识，比如如何给企业估值、如何做价值投资、如何判断行业大势。

我曾经从上大一开始就炒股，做了 7 年一直赔钱。直到参加工作后，了解到了什么是价值投资，我就像被打通了任督二脉一般，悟到了其中的道理。

另外，为了解决生活需求，我在赚到钱之后还买了一套房子，后来这套房子也为我带来了不菲的收入，并且驱动了我后来开始做房产和股票的投资。

时间到了 2018 年年中，我统计了一下自己的各项资产，发现总值已经达到了 2300 万元。

其中有多少是做生意赚来的、有多少是投资赚来的，实在没办法分清楚，我估计大概各占 50% 吧。我每个月做生意基本都能带来 5 万～ 10 万元的收入，这些收入又进入我的各个资产账户，为我赚来更多的被动收入。

2018 年，我遭遇了一个重大的挫折。有钱之后，我膨胀了。我赚了钱后，想搞一笔大的，成为资产过亿的大佬。于是我辞掉了工作，开了一个公司，这次做生意，我违背了我以前做生意的原则，不到半年时间就失败了，而且赔了很多钱。

（2）年收入 100 万元的方法论

现在我们应该能达成基本共识：做出卖体力的工作，你可以达到年入

10万元左右；做出卖智力的创业项目，一年赚30万~50万元是没有问题的。

对于我来说，任何生意如果做不到月入3万元，那就根本不值得做。

但是，一个人的能力毕竟是有限的，就我自己来讲，我做生意一个月赚10万元是极限。不论我是只操作一个项目，还是操盘多个项目，月收入总体是在5万~10万元之间浮动的。

关于如何提高项目收入，我可以分享一些经验给你，拓展你的项目。我通常采用的是项目横向拓展法和纵向拓展法。

比如我开的水果外卖店，横向拓展就是开分店，一个店可以覆盖周边5公里，那么我在北京就可以开上百个店。如果北京全覆盖了，我还可以覆盖全国。这个叫作横向拓展。

纵向拓展就是向你的产业链深处延伸。 比如作为一个水果外卖店，我的上游包括给我配货的水果批发商、外卖平台、外卖运营商等不同服务机构，我们是共同协作来把水果送到客户手里的。如果我想去做纵向拓展，就可以去做我上游的生意，比如水果批发。

这里也给大家介绍一些做生意的小经验。咱们没有经商经验的小白刚开始做生意时，接触的通常是C端生意，就是直接将产品卖给消费者的生意。比如开个饭馆或开个淘宝店，这都是针对C端的。但是，C端客户是最难搞的，利润小，客户服务很麻烦。所以，当我们的C端生意做起来后，必然的选择就是拓展。

横向拓展就是扩大你的生意覆盖面，接触更多的C端客户。 纵向拓展通常就是向B端延伸。比如你一开始是为别人补轮胎的，这是面向C端的辛苦生意，后来你赚了钱，于是进了点货，开始销售轮胎。随着你卖的轮胎越来越多，你开始代理一些小轮胎品牌，然后你开始试图把轮胎卖给其他小的洗车房，这些洗车房就成了你的下线。你的下线越来越多，你就有了更多的资本去代理更大的轮胎品牌。你可以沿着这条产业链一直向上爬，做到市级代理、省级代理乃至全国代理。最后，你可能甚至会考虑做一个轮胎代工厂，帮助知名品牌制造轮胎。再往后，你也许会想打造属于你自己的轮胎品牌，这个时候，你就爬上了产业链的最顶端。

多数白手起家的生意人都是走的这个路线，包括我。

（3）杠杆理论

我们的精力是有限的，如何去照顾不同的生意或者不同的店呢？

大家最常见的答案就是"雇员工"。相信我，如果你没有从事过管理工作，你对于"管理"的理解只存在于想象层面。**成为一个好的管理者，难度本身就不亚于创业成功**。最常见的案例，就是餐馆老板艰苦创业几年，餐馆终于实现了稳定盈利，他打算开分店，并升任自己最信任的伙计成为老店的店长。这算是非常稳妥的一种横向扩展方式了，但是失败的概率仍然非常高。

原因就是大多数人都太小看管理的难度了。实际上，多数餐馆老板开第一个店创业成功后，开第二个店时往往会失败，同时第一个店的业绩也会面临下滑的风险。

当然，我们今天不谈具体的管理方法，我要再上一个高度来谈这件事。管理的本质，其实是解放自己的双手，让更多的劳动力帮自己干活，这也属于杠杆。

一个人的力量是有限的，多数人的能力值到做生意一个月赚 5 万～10 万元就是极限了，想赚得更多，必须加上杠杆。

目前，我发现在创业的这个阶段，可用的杠杆主要有四类，即管理杠杆、资本杠杆、版权杠杆、媒体杠杆。

管理杠杆，就是招聘员工，这需要你具备极强的管理能力。我 2018 年创业失败，就是败在我不具有管理能力上。资本杠杆，就是融资和贷款，这需要你具备极强的融资能力。版权杠杆，就是要创造你自己的产品，如艺术作品、程序等。媒体杠杆，就是利用媒体的放大器效果，将自己的信息低成本传播出去。

一个所谓的独角兽公司，一定是凑齐了具备驾驭这几种杠杆的合伙人。比如，首席运营官负责管理杠杆，财务官负责资本杠杆，总架构师负责版权杠杆，媒体负责人负责媒体杠杆。

对于我们普通人来说，你只要掌握了其中一种杠杆，结合你做项目的经验，你就拥有了年收入百万元的能力。

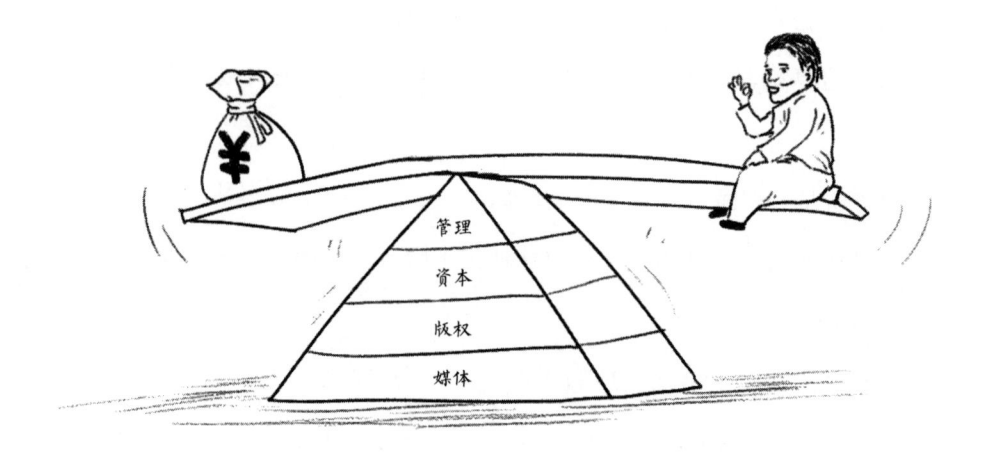

这几种杠杆，对应的也是商业技能中的某一项，管理杠杆对应管理能力，资本杠杆对应融资能力，版权杠杆对应产品能力，媒体杠杆对应传播能力。

你必须修炼自己的某项能力，让它能够驾驭某种杠杆。

处在不同的时代，时代给你的机遇也会降低你获得杠杆的难度。比如，在创业潮高涨的年代，如 2013 年，融资就非常容易，这个时候你有机会轻松拿到资本杠杆；在移动互联网时代，移动产品出现大的缺口，即便你的产品能力一般，你也有机会迅速获得版权杠杆；在 2018 年，短视频作为新的传播媒介开始爆发，即便你的传播能力有限，你也有机会迅速获得媒体杠杆。

（4）欢迎来到千万资产俱乐部

再来回顾一下我们实现资产千万之旅。

第一阶段，我告诉你只通过两个步骤，你就可以月入过万元。而只要做到这一点，你的收入就已经超过 95% 的中国人了。对，超过 95% 的人，你只需要努力就可以，没有什么致富秘诀。

有人可能会说，你让我去送外卖，可是月薪过万元的外卖小哥毕竟是少数啊。对，据统计，只有不到 4% 的外卖小哥能做到月入过万元，意味着如果你去送外卖，只有 4% 的概率能做到月入过万元。

但你要记住：人和人竞争，与概率是无关的。一个班里 40 名学生，每次考试只有 1 个第一名，你能说考上第一名的概率是 1/40 吗？当然不能了，学习好的那个人每次都考第一名，你学习不好，你永远考不到第一名。

做生意也是一样的，有人就是优秀，做什么都能赚钱，即便送外卖他也可以月收入过万元。如果你送外卖做不到月收入过万元，你以为做生意你就能竞争得过其他人吗？

所以，只有极少数人能做到月收入过万元，这一点不重要，重要的是想赚 1000 万元，你本身就必须是极少数人。

第二阶段，我要每天十几个小时拼命干活，克制消费欲望，用最快的速度积累 10 万元存款。**在第一阶段你需要拼命和努力，在第二阶段你需要的是坚持与专注。**

很多人受过激励之后，会在未来几天非常努力，感觉自己像变了一个人一样，但是没过几天，他们又变回原样了，三天打鱼，两天晒网，是没法成事的。坚持几天，你和其他人不会有任何区别；坚持 1～2 年，你和其他人之间就会出现不可逾越的差距。

坚持努力和抵制诱惑非常困难，所以你需要有强大的欲望和信念来支撑自己，这种信念就是"我要有钱""我要出人头地"，不惜一切努力，我都要超过其他人。

第三阶段，你需要学习大量的知识，要学会思考商业的本质。只有通过出卖智力赚钱，才有可能实现"暴富"的目标。人生最高的目标是什么？求知。拥有知识，其他一切都会有的。

这里也会有朋友产生怀疑，尤其是很多抱有"读书无用论"观念的朋友，他们会说，有很多老学究、知识分子空有一堆知识，但是什么实事都干不成啊。

没错，确实有很多人读很多书却干不成事，这些读书人的问题是：没有学习如何把知识用在实处。

比如，为人处世、如何领导他人这些知识你都可以通过书本或与优秀的人交流而学习到。学习之后如何去使用呢？你还可以去学习如何将知识落在实处的知识。

知识，不仅是财富的解药，同样是健康、权力、和谐人际关系的解药。

第四阶段，你需要学习的是财富增长。**财富快速增长靠杠杆，长期增长靠复利**。由于我们这里讲的是千万级资产，那么只要你拥有杠杆，就足以拥有千万级财富。就目前我了解的管理杠杆、资本杠杆、版权杠杆、媒体杠杆这四种杠杆，普通人拥有其中一种就足够了。

在你的财富积累过程中，你经历了努力阶段、坚持阶段、学习知识阶段、加杠杆阶段，通过这四个阶段，你将拥有千万级财富。

8　资产千万元之后

（1）投资与保值——只属于富人的烦恼

第一点，请大家注意，投资与保值，是仅属于富人的烦恼。

我发现很多穷人都非常热爱投资。比如，市面上售价 9.9 元的理财课卖得非常火爆，还有一些"炒股大神"提供免费指导，一些资金盘的"创富大神"可以带你飞……

如果你稍微有一些投资常识，你就能知道一个关于投资的基本事实：投资是一个用钱生钱的游戏。**用钱生钱的游戏，前提是什么？不是你懂投资，而是你要有钱。学会投资，能让你的钱生出更多的钱，而不会让你一个没钱的人变有钱。**

不管你是炒股、做基金定投、买比特币、买 P2P 产品，还是其他投资或投机方式，都无法让你从无到有实现暴富。而且，你追求的高收益率以后可能会让你死得更惨。

那么对于目前还没有通过做生意赚到一定财富的朋友，在这里你看看、长长知识就可以了，千万不要去实践。拥有多少财富后才可以参与投资游戏呢？我认为起码拥有 100 万元以上存款才可以。

第二点，投资和投机的关系。按照我的经验，一定要去学习价值投资，而不要去投机。10个做价值投资的人里，8个能赚钱；而100个投机的人里，只有1个能赚钱，你确定你是那1%吗？**投资像跑马拉松，不论第几名，只要能跑到头的都是赢家；而投机就像竞技场，大家互相厮杀，只有最后活下来的那个才是赢家，其他人都是输家。**

如何判断你的投资行为是真正的投资还是投机呢？很简单，不懂就买的是投机，持有期低于1年的是投机，买完之后睡不着觉的是投机，买完之后天天着急的是投机。

第三点，如何做价值投资？由于我这里讲的是创业不是投资，因此我简单提几句我的投资经验。价值投资很简单，就是一句话：用好价格买到好资产，并长期持有。

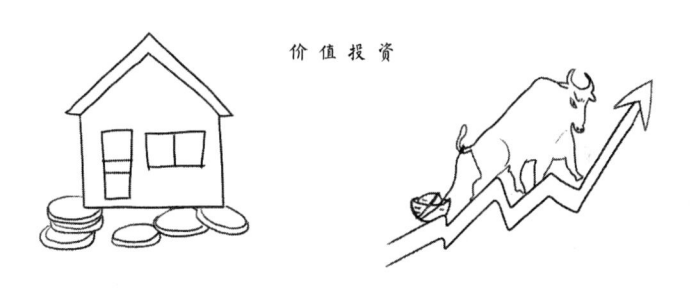

价值投资

这句话有三层含义：

第一，什么是好资产？在持有期内能持续产生正现金流的是资产；在持有期内能持续产生正现金流，且预期正现金流可以随时间流逝而增长的是好资产。理解了这句话，价值投资你就懂了一半。

第二，什么是好价格？首先要对好资产进行定价，定价涉及价值投资的估值技术，你需要对好资产的价值进行准确评估。当你对资产进行估值后，好价格就是远远低于资产价值的价格。你承担风险的能力越低，你需要的价格就越低。比如格雷厄姆对价格的要求是价值的 50%，巴菲特通常会要求价格低于价值的 70%。

第三，什么是长期持有？多长算长？1 年以内算短期，1～3 年算中短期，3～5 年算中期，5 年以上算长期。长期持有，意味着持有期计划在 5 年以上。

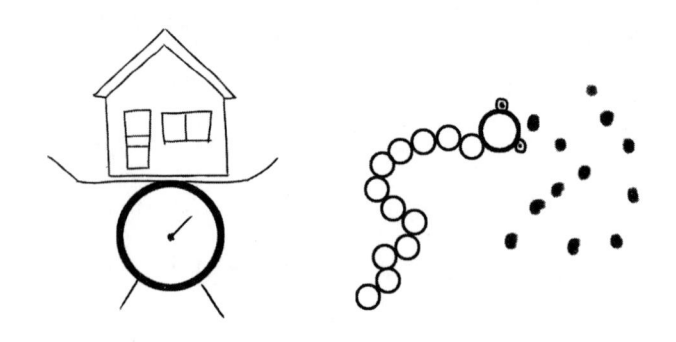

注意，价值投资不仅可以用于股票投资，它可以用于任何资产投资，比如房产、版权、股权、债权等。

总结一下：**投资是只属于富人的烦恼，没钱别投资；要做价值投资，就是要用好价格买到有价值的好资产。**

（2）未来仍然是未知的

2018年，我发现自己的钱已经足够多后，就有了辞职的勇气。同时，我想把自己的生意做大，于是开始筹划自己的公司。

之前谈到过，由于盲目自信，以及违背了以前自己做生意的原则，我的公司半年时间就失败了，赔了不少钱。公司经营失败后，我游山玩水几个月，结果回来一看，赔的钱通过投资又赚回来了。

在财富方面，由于我本身的消费欲望并不高，比如跑车、奢侈品这些东西我几乎没有兴趣，每个月消费最多也就是几万元钱，赚的钱基本处于花不完的状态，只要我继续保持投资业绩和理性消费，我相信我可以持续保持这样的财富水平。

但是，新的问题很快就出现了，那就是无聊。

曾经让我魂牵梦萦，夜不能寐的问题——穷，现在不是问题了。

人生很快就面临下一个难题：我的目标在哪里？

当时的我，每天睁开双眼就是迷茫，玩玩游戏、旅旅游，然后实在不知道该做什么。坦白说，到现在，我也没真正找到自己的目标，只是在不断尝试未来的可能性。

继续接受教育和教育别人，是我能想到的不错的出路。我有一个考博士的计划，考了博士，就可以去大学任教，去做一些商业方面的专业研究。我也在筹备多生一些小孩，以教育小孩为乐。同时，我也想到了我最爱的事情——做生意。

在我做生意的这些年，我几乎阅读过所有我见到的关于做生意的方法、人物传记，不管是书本上的还是网上的，不管是视频还是音频，我都看过。

零成本创业
——从0到1000万的创业解决方案

可以说，99%的内容对草根创业者是没有用的。

在我的创业历程中，每当我遇到困难，不知道如何决策时，我找遍全网，却找不到任何解决方案。我意识到，我们缺乏真正有用的创业解决方案。

我能看到的跟创业沾边的资料，比如成功企业家传记，他们淡化了自己面临的困难，突出了自己的成功是因为自己的价值观、善良、用心、努力，而隐藏了一些关键的偶然因素。其他材料，比如创业教程，基本是一些书本化的老学究知识，比如怎么注册公司、怎么分配股权，跟说明书一样，看说明书是没办法创业的。还有一种就是成功学，主要是以鸡汤为主，列上一些名人成功的案例，主要起到打鸡血的作用，但没有办法解决实际问题。最后一类就是各种各样的管理类书籍，它们主要是给大老板、企业家、中高层管理者准备的。作为草根创业者，这些书对我们几乎没有帮助，我们需要的是有创业经验的成功创业者的指导。

想到我曾经面临的困境，我知道如果我能做出一些真正有用的创业知识课程，那一定是有价值的。于是，我从2018年年底开始写作相关的东西，内容主要是我过去多年的创业经历，它是我自己的真实经历分享，也是我创业的心路历程，更是一份创业实操指南。你所面临的创业问题，90%以上我都遇到过，你可以看看我是怎么解决这些问题的以作参考。

果不其然，我的经历"火"了，这也就有了我现在的创业自媒体，以及你正在看的这本书。

未来仍然是未知的，但我会继续在创业之路上探索，为大家带来更多、更有用的创业知识。